Studentische Hausarbeiten mit KI meistern

Friedrich Figge · Kirsten Darby

Studentische Hausarbeiten mit KI meistern

Umsichtig relevante Skills erwerben

Friedrich Figge
Leipzig, Deutschland

Kirsten Darby
Hannover, Deutschland

ISBN 978-3-658-48946-5   ISBN 978-3-658-48947-2 (eBook)
https://doi.org/10.1007/978-3-658-48947-2

Die Deutsche Nationalbibliothek verzeichnet diese Publikation in der Deutschen Nationalbibliografie; detaillierte bibliografische Daten sind im Internet über https://portal.dnb.de abrufbar.

© Der/die Herausgeber bzw. der/die Autor(en), exklusiv lizenziert an Springer Fachmedien Wiesbaden GmbH, ein Teil von Springer Nature 2025

Das Werk einschließlich aller seiner Teile ist urheberrechtlich geschützt. Jede Verwertung, die nicht ausdrücklich vom Urheberrechtsgesetz zugelassen ist, bedarf der vorherigen Zustimmung des Verlags. Das gilt insbesondere für Vervielfältigungen, Bearbeitungen, Übersetzungen, Mikroverfilmungen und die Einspeicherung und Verarbeitung in elektronischen Systemen.
Die Wiedergabe von allgemein beschreibenden Bezeichnungen, Marken, Unternehmensnamen etc. in diesem Werk bedeutet nicht, dass diese frei durch jede Person benutzt werden dürfen. Die Berechtigung zur Benutzung unterliegt, auch ohne gesonderten Hinweis hierzu, den Regeln des Markenrechts. Die Rechte des/der jeweiligen Zeicheninhaber*in sind zu beachten.
Der Verlag, die Autor*innen und die Herausgeber*innen gehen davon aus, dass die Angaben und Informationen in diesem Werk zum Zeitpunkt der Veröffentlichung vollständig und korrekt sind. Weder der Verlag noch die Autor*innen oder die Herausgeber*innen übernehmen, ausdrücklich oder implizit, Gewähr für den Inhalt des Werkes, etwaige Fehler oder Äußerungen. Der Verlag bleibt im Hinblick auf geografische Zuordnungen und Gebietsbezeichnungen in veröffentlichten Karten und Institutionsadressen neutral.

Planung/Lektorat: Irene Buttkus

Springer Gabler ist ein Imprint der eingetragenen Gesellschaft Springer Fachmedien Wiesbaden GmbH und ist ein Teil von Springer Nature.
Die Anschrift der Gesellschaft ist: Abraham-Lincoln-Str. 46, 65189 Wiesbaden, Germany

Wenn Sie dieses Produkt entsorgen, geben Sie das Papier bitte zum Recycling.

Vorwort des Herausgebers

Künstliche Intelligenz (KI) ist unabdingbar für wissenschaftliche Arbeit, besonders auch durch Studierende als Innovationsträger. Selbst um Risiken des Einsatzes von KI erkennen und hervorheben zu können, muss man mit der KI gearbeitet haben, um glaubwürdig analysieren und argumentieren zu können.

Dieses Buch widmet sich dem Einsatz von KI bei der Erstellung wissenschaftlicher Arbeiten und beschreibt die grundsätzliche Vorgehensweise wissenschaftlicher Arbeit mit KI, wie sie trotz ständiger Entwicklungen in absehbarer Zeit bleiben wird. Es verfolgt nicht die allerneuesten Trends, Tools, wie beispielsweise DeepSeek, sowie Tricks, die den Blick für das Wesentliche vernebeln können, gibt aber Tipps für das praktische Vorgehen.

Das sinnvolle Vorgehen mit KI habe ich als Initiator dieses Buches auf Grundlage und unter Anleitung bei der Zusammenarbeit mit einem innovativen Team von Springer Nature nicht nur analysiert, sondern selbst mit meiner engagierten Ko-Autorin und einem studentischen Team umgesetzt und getestet, indem dieses Buch selbst mittels KI erstellt wurde. Die Erfahrungen damit wurden ausgewertet und sind in dieses Buch eingeflossen. Daraus hat sich auch unsere eigene Haltung zur Verwendung von KI in wissenschaftlichen Arbeiten herauskristallisiert. Wir weisen auf Problematiken hin, dass in etlichen Bereichen noch Klärungsbedarf besteht, und machen mit diesem Buch Vorschläge zum Vorgehen, können aber keine Haftung übernehmen. **Unsere Position ist, KI nicht ohne Klärung der Vorgaben der jeweiligen Hochschule oder ohne Absprache mit Prüfenden zu verwenden.**

Kurz nach dem öffentlichen Launch von ChatGPT im November 2022 habe ich meine Lehre, Forschung und Arbeit mit Studierenden bis hin zu den Prüfungsarbeiten auf den Einsatz von KI umgestellt. Aus meiner Sicht müsste man auch die Verwendung von Suchmaschinen wie Google o. Ä. verbieten, wenn man die Arbeit Studierender mit KI verbieten wollte. In beiden Fällen bedarf es, wenn auch in unterschiedlichem Maße, des qualifizierten Wissens, um Fragen und Nachfragen, Analysen, Kontrolle und Überarbeitung des Ergebnisses durchführen zu können. **Dieses Buch ist keine Anleitung zum Schummeln und um sich das Leben leicht zu machen, sondern ein Ratgeber, um etwas Neues zu lernen und sich Kompetenzen anzueignen.**

Die Mit- und Hauptautorin, Projektleiterin sowie die wissenschaftliche Lektorin bei der Publikation dieses Buches, Frau Dr. Kirsten Darby, hat dieses Werk mit unermüdlicher Abend-, Feiertags- und Urlaubsarbeit mit dem ihr innewohnenden hohen Qualitätsstandard und der wirkungsvollen Motivierung der unterstützenden Studierenden möglich gemacht. Das studentische Unterstützerteam bestand aus Teilnehmer:Innen des Wahlpflichtfaches Electronic Publishing IV im fünften Semester des Studiengangs Buch- und Medienproduktion (21 BMB), namentlich Anna Fuhrmann, Fabienne Gärtner, Katinka Sophie Jauch, Sophia Kunkel, Paul Michael Scholle, Tabea Tetzel, Mia Tröbitz. Besonders hervorzuheben ist das über ein Jahr hinweg engagierte studentische Leitungsteam bestehend aus Magdalena Groh, Marie Gude, Niklas Metzinger und Lea Platow.

Die Idee zu einer Kooperation entstand auf der Frankfurter Buchmesse 2023 nach einem Vortrag des Springer Nature-Teams über die Publikation eines mit dem verlagseigenen KI-Tool AI Book Designer erstellten Fachbuches zum Thema Controlling. Zwischen mir und Herrn Henning Schönenberger als Vizepräsident Content Innovation wurde verabredet, dass die oben genannte Seminargruppe an einem weiteren Testlauf einer Buchherstellung mit KI teilnehmen könne. Schnell einigte sich die Seminargruppe darauf, eine Handreichung zum Erstellen einer wissenschaftlichen Haus- und Abschlussarbeit mit KI schreiben zu wollen, um Studierende aller Fachrichtungen zu unterstützen und idealerweise sogar als Grundlage für Vereinbarungen zwischen Lehrenden und Studierenden dienen zu können. Die Zusammenarbeit konkretisiert sich in Form einer tatsächlichen Publikation bei Springer Nature mit Vivien Bender als Teamlead und AI Product Manager und Rocco Raso als Manager Book Publishing Solutions von Springer Nature sowie Irene Buttkus als Lektorin. Die wissenschaftliche Projektleitung übernahm auf meine Bitte hin Dr. Kirsten Darby, Historikerin und HTWK-Alumni der Bibliotheks- und Informationswissenschaft, die bei mir ihre Abschlussarbeit geschrieben hatte.

Frau Dr. Darby sowie den engagierten Studierenden und besonders dem studentischen Leitungsteam, danke ich herzlich für Ihr unermüdliches Durchhalten trotz aller Hindernisse, die sich gerade bei der Arbeit auf so einem innovativen Gebiet ergeben. Der freiwillige Zeitaufwand bei einem so lang andauernden Projekt mit vielen Detailarbeiten und Korrekturschleifen ging über das zu erwartende Maß weit hinaus. Ich danke auch Frau Vivien Bender und Herrn Rocco Raso als unsere KI-Ansprechpartner und -Experten bei Springer Nature, die der Seminargruppe das durchdachte KI-Publishing-Tool von Springer Nature Schritt für Schritt erläutert und eine Vielzahl von Fragen in Ruhe beantwortet sowie Erkenntnisse gemeinsam analysiert haben. Frau Irene Buttkus als Lektorin hat uns durch alle Höhen und Tiefen, die sich bei einem solch komplexen Vorhaben ergeben, immer wieder geduldig durchgeführt und pragmatische Lösungen bewirkt.

Im Rahmen von unseren Vorträgen, Workshops und Gastbeiträgen in Seminarsitzungen wurde unserem Team bewusst, dass es neben Interesse auch viele Fragen, Ressentiments und sogar Ängste bezüglich der Verwendung von KI gibt. Daher laden wir ein, sich kritisch mit der Thematik auseinanderzusetzen. Wir wünschen viel Freude und Neugier beim Entdecken und Experimentieren!

November 2024   Prof. Friedrich Figge

Vorwort von Springer Nature

Dieses Buch basiert auf einer noch neuen Arbeitsweise, die sich KI zunutze macht, um das Schreiben von Sachtexten zu unterstützen. Ins Leben gerufen wurde sie bei Springer Nature durch einen experimentellen Workshop, aus dem 2023 das Werk *Hüsch/Distelrath/Hüsch „Einsatzmöglichkeiten von GPT in Finance, Compliance und Audit"* hervorging und auf den die Entwicklung des Springer Nature Prozesstools *AI Book Designer* (Prototyp) folgte. Ein erster bahnbrechender Pionier-Workshop mit diesem Prototyp an der Universität Mainz in Zusammenarbeit u. a. mit Professor Dr. Christoph Bläsi generierte das zweisprachige Werk *Gürtler/Riedl/Zinganell „Nachwuchskräfte im Verlagswesen"*. Auch das nun vorliegende zweite Hochschulprojekt wurde von engagierten Mitarbeitenden und Studierenden diesmal der HTWK Leipzig zusammen mit Lektor*innen und KI-Experten von Springer Nature realisiert. Wir betrachten diese Projekte als wichtige Meilensteine für die Zukunft des wissenschaftlichen Arbeitens und Publizierens: Technologie und menschliche Erfahrung, Expertise und Urteilsvermögen werden kombiniert und aufeinander abgestimmt, um hochwertige Inhalte zu schaffen.

Im Mittelpunkt der Projektarbeit steht ein strukturierter Schreibprozess, unterstützt von Lektor*innen, Autor*innen und unserem AI Book Designer-Prototyp, einem KI-gestützten Workflow Tool, das generative KI (GenAI) in den Prozess der Erstellung von Sachtexten integriert. Die Autor*innen werden durch sieben detaillierte Schritte geführt, von der Sammlung wesentlicher Informationen bis zur Fertigstellung des Manuskripts, wobei jeder Schritt erst abgeschlossen wird, wenn alle notwendigen Informationen und Quellen bereitgestellt sind:

- Schritt 1: Die Autor*innen definieren wesentliche Elemente des Projekts, beispielsweise die Zielgruppe, Schlüsselwörter und Alleinstellungsmerkmale.
- Schritt 2: Die KI verwendet diese Informationen, um ein vorläufiges Inhaltsverzeichnis zu erstellen, das die Autor*innen dann verfeinern.
- Schritt 3: Die Autor*innen skizzieren jedes Kapitel im Detail, indem sie Stichpunkte und relevante Quellen bereitstellen, um eine klare Roadmap für das Manuskript zu erstellen.
- Schritt 4: Die Autor*innen überprüfen manuell jede Referenz, um die wissenschaftliche Sorgfalt sicherzustellen.
- Schritt 5: Alle gesammelten Informationen werden in Prompts umgewandelt, die in die KI zur Erstellung von Kapitelentwürfen eingespeist werden.
- Schritt 6: Die Autor*innen und Lektor*innen überprüfen den Text kritisch, überarbeiten ihn und stellen erneut die Integrität der Quellen sicher.
- Schließlich werden in Schritt 7 didaktische Elemente, Grafiken und Tabellen manuell erstellt und das Manuskript mit der Zustimmung der Autor*innen und des Lektorats finalisiert.

Dieser strukturierte Ansatz stellt sicher, dass jeder Schritt des Schreibprozesses sorgfältig ausgeführt wird, mit kontinuierlichen Feedbackschleifen für menschliche Überarbeitung, Verfeinerung und Qualitätskontrollen. Die KI wird hauptsächlich zur Unterstützung der Textgenerierung verwendet, aber sie kann auch den kreativen Prozess verbessern, indem sie Alternativen aus gegebenen Informationen vorschlägt und Gedanken, Ideen sowie Informationen strukturiert und organisiert.

Für die Autor*innen wie für uns als Verlag ist und bleibt die inhaltliche und sprachliche Qualität von zentraler Bedeutung. Wir alle sind verpflichtet, während des Schreibprozesses hohe Standards einzuhalten. So wurde jedes von der KI generierte Element rigoroser Prüfung und Genehmigung durch Studierende, die wissenschaftliche Leitung und schließlich dem Lektorat unterzogen, um sicherzustellen, dass das Endprodukt nicht nur der kollektiven Expertise, sondern auch den hohen Standards der Validierung und Qualität entspricht.

Nach unserer Auffassung ist Transparenz unverzichtbar, weshalb dieses Vorwort die Rolle der KI erläutert und die wesentliche und notwendige menschliche Aufsicht hervorhebt, die jeden Schritt derartiger Projekte begleiten muss und auch bei diesem Projekt begleitet hat. Bewusst betonen wir die Interaktion zwischen menschlichen Autor*innen und KI-Technologie, eine Entwicklung, die wir für die Zukunft des Schreibens und Publizierens als unerlässlich erachten. Die interdisziplinäre Teamarbeit zwischen Autor*innen, Lektorat und KI-Expert*innen ist dabei unverzichtbar für eine dynamische Umgebung, um voneinander zu lernen und das Schreibtool an die vielfältigen Bedürfnisse anzupassen.

Dieses Projekt verbindet das Engagement für hochwertige akademische Inhalte vor dem Hintergrund der Weiterentwicklung von KI-Anwendungen. Die menschliche Aufsicht und Steuerung bleibt zentral. Mit dem KI-Tool wollen wir nicht nur den Schreibprozess verbessern, sondern auch die Barrieren der Zeitknappheit und Schreibschwierigkeiten abbauen, vor denen sowohl erfahrene wie Nachwuchsforscher*innen oftmals stehen.

Wir freuen uns, nun dieses Buch „Studentische Hausarbeiten mit KI meistern" zu präsentieren, das wertvolle Einblicke sowie Empfehlungen für die Studierenden und Lehrenden bietet. Wir danken allen, die dieses Buchprojekt unterstützt haben, vor allem den beteiligten Studierenden und den beiden Herausgebenden, insbesondere für den Zeitaufwand, und wünschen ihnen alles Gute für ihre künftigen Aufgaben und Projekte.

Vivien Bender
(Executive Editor)

Laura Spezzano
(Associate Editor)

Irene Buttkus
(Publishing Editor)

Andreas Funk
(Editorial Director)

Rocco Raso
(Content Innovation)

Henning Schönenberger
(VP, Content Innovation)

Inhaltsverzeichnis

1 Einführung 1
Friedrich Figge und Kirsten Darby
1.1 Künstliche Intelligenz und wissenschaftliche Haus- und
Abschlussarbeiten – eine Annäherung 1
1.2 Darf KI bei der Erstellung von Hausarbeiten genutzt
werden? – Regelungen, Transparenz und Eigenständigkeit 3
1.3 Was bringt die Verwendung von KI bei der Erstellung einer
Hausarbeit? – Erwartungen und Chancen 7
1.4 Welche Probleme kann es bei der KI-Nutzung in der
akademischen Ausbildung geben? – Realität und Risiken 10
    1.4.1 Ethische und rechtliche Probleme 10
    1.4.2 KI-spezifische Probleme 12
    1.4.3 Maßnahmen und Gestaltung der Entwicklung 13
    1.4.4 Wahrung und Ermöglichung von Chancengleichheit,
         Freiheit der Lehre und Kompetenzerwerb 14

2 Arbeiten mit KI 17
Friedrich Figge und Kirsten Darby
2.1 Notwendige Vorkenntnisse für den Start – Begriffsklärungen 17
    2.1.1 Zentrale Begriffe zum Arbeiten mit KI 17
    2.1.2 Notwendige Vorkenntnisse für die Auswahl und
         Bewertung von KI-Tools 19
2.2 Prompt Engineering 23
    2.2.1 Aufbau eines Prompts 24

	2.2.2	Formulierung von effektiven Prompts	25
	2.2.3	Kontext als Teil von Prompts	27
	2.2.4	Techniken im Prompt Engineering	27
	2.2.5	Interaktion beim Prompten	29
	2.2.6	Typische Fehler im Prompt Engineering	30
2.3	Vermeidung von KI-spezifischen Problemen		32
	2.3.1	Vermeidung von Hallucinations	33
	2.3.2	Einfluss der Temperature-Einstellung auf Aussagen der KI	35
	2.3.3	Bias-Verzerrungen und Strategien zu ihrer Vermeidung	36
	2.3.4	Weitere Probleme und Grenzen der KI-Anwendungen	37

3 Checkliste: Nachfragen oder einfach machen? ... 39
Friedrich Figge und Kirsten Darby

4 Die Arbeitsphasen der Hausarbeit mit KI ... 43
Friedrich Figge und Kirsten Darby

4.1 Themenfindung, Hypothesenformulierung, Gliederung – mit KI den Einstieg finden ... 43
    4.1.1 Ein Thema wählen ... 43
    4.1.2 Hypothesen formulieren ... 47
    4.1.3 Inhalte in einer Gliederung logisch strukturieren ... 48
4.2 Recherche, Informationsaufbereitung, Literaturbearbeitung – mit KI eine Materialbasis schaffen ... 50
    4.2.1 Literatur und Quellen suchen ... 50
    4.2.2 Material organisieren, erschließen und aufbereiten ... 53
    4.2.3 Literatur lesen, verstehen und auswerten ... 55
4.3 Erkenntnisgewinnung, Texterzeugung und Finalisierung – mit KI Gedanken textlich gestalten ... 58
    4.3.1 Gelesenes zu eigenen Gedanken weiterentwickeln ... 59
    4.3.2 Gedanken formulieren ... 61
    4.3.3 Formulierungen verfeinern ... 66

5 Fazit ... 69
Friedrich Figge und Kirsten Darby

Literatur ... 75

Einführung 1

Friedrich Figge und Kirsten Darby

1.1 Künstliche Intelligenz und wissenschaftliche Haus- und Abschlussarbeiten – eine Annäherung

Künstliche Intelligenz (KI) hat sich als fester Bestandteil des gegenwärtigen Lebens etabliert, sowohl subtil im Hintergrund verschiedener Anwendungen als auch explizit in Kommunikation und Lösung komplexer Fragen. KI hat ebenso den Weg in die akademische Welt gefunden, mit dem Potenzial auch dort menschliche Fähigkeiten zu ergänzen und Prozesse effizienter zu gestalten. Die Rolle von KI bei der Erstellung von wissenschaftlichen Haus- und Abschlussarbeiten durch Studierende ist derzeit weder umfassend rechtlich geklärt noch wird die Anwendung bislang studienbegleitend ausreichend vermittelt. Im Folgenden werden praktische Hinweise gegeben, die Studierenden erste Orientierung und Hilfe bieten, eine Haus- oder Abschlussarbeit mit Hilfe von KI zu erstellen und die damit verbundenen Chancen und Risiken abwägen zu können.

Künstliche Intelligenz ist ein Bereich der Informatik, der darauf abzielt, menschenähnliche kognitive Funktionen wie Lernen, Problemlösung, Mustererkennung, Sprachverständnis und Interaktion oder sogar Kreativität auf Maschinen, speziell Rechner, zu übertragen. Die Idee dabei ist, dass diese Maschinen nicht nur in der Lage sind, komplexe Probleme selbständig zu bewältigen, sondern

---

F. Figge
Leipzig, Deutschland

K. Darby (✉)
Hannover, Deutschland
E-Mail: kirsten.darby@posteo.de

© Der/die Autor(en), exklusiv lizenziert an Springer Fachmedien Wiesbaden GmbH, ein Teil von Springer Nature 2025
F. Figge und K. Darby, *Studentische Hausarbeiten mit KI meistern*,
https://doi.org/10.1007/978-3-658-48947-2_1

aus Erfahrungen zu lernen und sich an neue Eingaben anzupassen. Der Hauptunterschied zwischen traditionellen computerbasierten Prozessen und KI besteht demnach darin, dass KI-Systeme nicht nur auf präzise Eingaben und programmierte Aufgaben beschränkt sind. Vielmehr können sie solche Aufgaben durch Erfahrung und Interaktion mit ihrer Umgebung lernen und verbessern.

> Generative KI ist **keine Faktenmaschine** – sie kann als **kreative Inspiration** dienen in den Bereichen Übersetzung, Zusammenfassung, Klassifikation von Dokumenten, Begriffsextraktion, Stimmungsanalyse und weiteren.[1]

Wissenschaftliche Haus- und Abschlussarbeiten – im Folgenden vereinfacht nur Hausarbeiten genannt – sind ein zentrales Element der akademischen Ausbildung. Sie dienen dazu, die Fähigkeit von Studierenden nachzuweisen, eine bestimmte Fragestellung systematisch und auf wissenschaftliche Art und Weise zu bearbeiten und je nach Prüfungsform mitunter in eine strukturierte Textform zu bringen. Sie beinhalten die systematische Sammlung, Auswertung und Interpretation von Daten sowie die daraus resultierende Formulierung von Hypothesen, Theorien oder Argumentationen. Diese Aufgabe kann eine Herausforderung darstellen, insbesondere für Studierende, die noch nie eine umfangreiche Hausarbeit verfasst haben.

Wie also können KI und wissenschaftliches Arbeiten sinnvoll verbunden werden? Indem KI in den wissenschaftlichen Prozess eingebunden wird, können die Algorithmen und maschinelles Lernen dazu beitragen, umfassender zu recherchieren, größere Datenmengen zu analysieren, komplexe Abläufe und Inhalte zu organisieren, Texte zusammenzufassen und zu generieren sowie Routinearbeiten zu automatisieren und die Einhaltung formaler Kriterien zu unterstützen. Der Wunsch (von Studierenden), mit möglichst wenig Aufwand in kurzer Zeit gute (Prüfungs-)Ergebnisse zu erreichen, ist verständlich. Es kann jedoch nicht das Ziel sein, Hausarbeiten vollständig von einer KI verfassen zu lassen, denn es geht letztlich nicht um eine wissenschaftliche Kommunikation zwischen Maschinen, sondern um Eigenständigkeit und Erkenntnisgewinn des Menschen – von Studierenden, die dieses Wissen für die Zukunft abrufbar verinnerlichen sollen, um die erworbenen Erkenntnisse auf andere Probleme transferieren und in Handlungswissen umwandeln zu können.

---

[1] Dieser pointierte und klarstellende Hinweis ging aus einem Gespräch mit einer Google Developer Expertin hervor.

1 Einführung

Den Chancen, durch den Einsatz von KI zeitsparend, umfassend, qualitativ hochwertig und somit effizienter zu einem besseren und tieferen Verständnis eines Themas zu kommen und dabei etwaige Schwächen und Benachteiligungen von Studierenden ausgleichen zu können, stehen auch Risiken gegenüber: ethische und rechtliche Grauzonen und Entgleisungen, die gefährdete Wahrung akademischer Standards und Integrität sowie von Daten- und Urheberrechten, die potenzielle Abhängigkeit von intransparenten und kommerziellen technologischen Tools und letztlich eine Entmenschlichung des wissenschaftlichen Prozesses. Im Folgenden werden daher Eigenständigkeit, fundierter Wissenserwerb und kritische Denkfähigkeit im verantwortungsvollen Umgang mit KI bei der Erstellung von Hausarbeiten im Blick behalten, damit Studierende sich praktisch erproben und mit Kompetenzen befähigen können, um KI individuell und sinnvoll im Rahmen wissenschaftlicher Arbeiten einzusetzen. Die einzelnen Arbeitsschritte einer Hausarbeit werden im Folgenden separat behandelt, um gezielt die Bereiche auswählen zu können, für die die Verwendung von KI generell zulässig ist oder mit den eigenen Prüfenden vereinbart wurden. Zu allen Bereichen werden Beispiele von Prompts, Fragen und Aufträge an KI-Tools geliefert sowie Anregungen zu praktischen Überlegungen und Übungen[2] zum Ausprobieren.

Fragen

Was weißt Du bisher über KI und wie stehst Du zur Anwendung von KI für Hausarbeiten?

1.2 Darf KI bei der Erstellung von Hausarbeiten genutzt werden? – Regelungen, Transparenz und Eigenständigkeit

Die Nutzung von KI für Hausarbeiten wirft Fragen auf: Wie kann die Eigenständigkeit bei einer Hausarbeit sichergestellt werden, wenn ein Teil der Arbeit von KI übernommen wird? Die Antwort auf diese Frage ist nicht trivial.

Für eine Hausarbeit ist das Prinzip der Eigenständigkeit von zentraler Bedeutung. Die Arbeit soll klar veranschaulichen, dass die Studierenden in der Lage sind, ein akademisches Problem eigenständig zu erkennen, zu analysieren, zu bearbeiten und schließlich Lösungen für dieses Problem zu entwickeln. Dabei

---

[2] Für das gemeinsame Brainstorming gilt der Dank Rebecca Darby.

spielen die genaue Dokumentation und Nachvollziehbarkeit der Herangehensweise eine wichtige Rolle. Auch bei der Nutzung von KI-basierten Tools müssen die Prinzipien der Eigenständigkeit und Transparenz sichergestellt werden (Tang et al. 2024). Vorherige Absprachen, eine informierte und argumentative Auseinandersetzung mit den Prüfenden sowie eine umfangreiche Dokumentation der Nutzung von KI können Eigenständigkeit und Transparenz gewährleisten.

Vor dem Start einer Hausarbeit ist zu klären, ob die Verwendung von KI für die Erstellung zulässig ist. Sollte die Prüfungsordnung dies nicht explizit regeln, ist dennoch unbedingt ein initiierendes Gespräch mit den Prüfenden zu suchen. Dabei kann es hilfreich sein, bestehende Praktiken an anderen Hochschulen zu kennen und auf diese hinzuweisen (siehe Abschn. 1.4) sowie Informationen über die zu nutzenden KI-Tools parat zu haben. Aus diesem Gespräch können Vereinbarungen über die erlaubten KI-Tools hervorgehen, z. B. nur Tools zur Erstellung von Bildern oder zur Sprachprüfung und zu deren Nutzungsumfang. Dazu zählt, in welchen Bereichen mit welchem Umfang KI für die Erstellung der Hausarbeit eingesetzt werden darf und welche Bereiche eigenständig erstellt werden müssen. Diese Absprachen können gegebenenfalls auch schriftlich festgehalten werden. Sollte der Prüfende keine Einwilligung geben, darf auf gar keinen Fall KI verwendet werden.

Bestimmte Hilfsmittel, unabhängig von KI, sind in ihrer Verwendung unstrittig, zum Beispiel für die Zeitplanung, zur Themensuche, in Form von Schulungen und konkreten Vorschlägen zur Literatursuche, die Verwendung von Literaturverwaltungsprogrammen, sprachliche Verbesserungen, Verständnisfragen und Feedback durch Privatpersonen bzw. die Sprachprüfung in Textverarbeitungsprogrammen sowie die Konsultation mit den Prüfenden. Bis auf Letzteres als Ding der Unmöglichkeit dürfte der Einsatz von KI in diesen Bereichen als unproblematisch gelten.

Um Lehrpersonen und Prüfende von der Einbeziehung von KI-Tools zu überzeugen, können verschiedene Argumente genutzt werden. Generative KI-Modelle wie GPT sind zwar weitgehend autonom, jedoch ist die Qualität nach derzeitigem Stand der durch sie erstellten Ausgaben stark von den vom Menschen bereitgestellten Informationen abhängig (Tang et al. 2024). Dies impliziert, dass der Mensch stets einen signifikanten Teil der Arbeit beiträgt. Gleiches wie für den Input gilt nämlich gegenwärtig auch für den Output, daher müssen alle Vorgaben, alle Entscheidungen und alle Resultate gesteuert, kritisch geprüft und gegebenenfalls angepasst werden. Die Fähigkeiten aktueller KI-Modelle, alles vorhandene Quellenmaterial auszulesen und auf menschlichem Niveau eigenständig ohne Interpretationshilfen zu erfassen, sind begrenzt. Daher bleibt es eine

1 Einführung

eigenständige Leistung der Studierenden, die Literatur zu lesen, die Informationen zu extrahieren und aufzubereiten (Tang et al. 2024). Die individuelle Leistung ist auch höher, wenn eigene Erkenntnisse und wissenschaftliche Ergebnisse in die Data Base der KI eingearbeitet werden müssen, die in der Arbeit klar gekennzeichnet werden, ähnlich wie dies beim Zitieren von Quellen der Fall ist. Daher ist auch mit Prüfenden zu klären, wie viel KI-generierter Text (am Stück) für die wissenschaftliche Hausarbeit genutzt werden darf, um gemeinsam Transparenz und Eigenständigkeit festzulegen. Grundsätzlich ist eine Kompromissbereitschaft hinsichtlich der Verwendung von KI-Tools eine gute Verhandlungsstrategie.

Der erlaubte Einsatz von KI wird von Fach zu Fach sehr verschieden sein. Es wird mit Sicherheit davon abhängen, was Studierende mit der Prüfung an eigenem Wissen und Fähigkeiten unter Beweis stellen sollen: Liegt der Schwerpunkt darauf, eine Untersuchungsreihe mit eigenen Beobachtungen und Berechnungen durchzuführen, könnte die KI erst zu einem späten Zeitpunkt hinzugezogen werden, wenn es darum geht, die Ergebnisse in eine verständliche sprachliche Form zu bringen. Wenn hingegen die Kompetenz sich besonders darauf bezieht, Gedanken zu erfassen und klar in eigenen Worten auszudrücken, wird die KI vermutlich nicht als Hilfsmittel für diesen Aspekt erlaubt sein. Bei kreativen Prüfungsleistungen wird die Einschätzung, inwiefern die Integration von KI bereits Teil der kreativen Umsetzung ist, vermutlich äußerst vielfältig ausfallen. Bereits die Auseinandersetzung damit, in welchen Bereichen in welchem Umfang KI im eigenen Fach als unproblematisch angesehen wird, kann das Verständnis für die zu erlernenden Kompetenzen in der eigenen Fachkultur erhellen.

Die Verwendung von generativer KI ist auf jeden Fall bereits wissenschaftliche Praxis und wird in den verschiedenen Phasen der Schreibprozesse eingesetzt. Eine Untersuchung hat ergeben, dass bei fast 40 % von 125 analysierten Zeitschriften der Pflegewissenschaften eine klare Aussage über die Verwendung von KI in den Autorenrichtlinien gefordert wird, um Transparenz und Glaubwürdigkeit bei akademischen Publikationen gewährleisten zu können (Tang et al. 2024). Das bedeutet, dass es Studierenden als angehenden Wissenschafter*innen ebenfalls ermöglicht werden muss, die Kompetenzen im Umgang mit KI zu erwerben, die die Aspekte der Eigenständigkeit und Transparenz bezüglich der Nutzung von KI miteinschließen.

Eine transparente Dokumentation sollte alle verwendeten KI-Tools benennen. Sie sollte auch offenlegen, in welchen Bereichen die Verwendung von KI erfolgte und vor allem in welchem Ausmaß. Je nach Absprache könnten Beispiele für Eigenleistung, KI-Leistung sowie eigene Synthesen der Ergebnisse als Anhang der Arbeit beigefügt werden. Eine hohe Genauigkeit und Konsistenz bei der

Dokumentation (siehe Abschn. 4.1 und 4.2.3) sorgt dafür, dass die Arbeit vertrauenswürdig und nachvollziehbar ist (siehe Abschn. 4.2.3). Eine angepasste Form der Eigenständigkeitserklärung könnte damit übereinstimmend eindeutig angeben, welche KI-Tools verwendet wurden, und daran festhalten, ohne die Hilfe von anderen Menschen erstellt worden zu sein. Die konkrete Ausgestaltung dieser Erklärung kann variieren und richtet sich nach organisatorischen und fachlichen Anforderungen. Nur durch klare Angaben und eine umfassende Dokumentation lässt sich die wissenschaftliche Leistung richtig einordnen.

Die angepasste **Eigenständigkeitserklärung** kann beispielsweise wie folgt formuliert sein:

> […] Ferner versichere ich, [dass] Textpassagen, bildliche Darstellungen oder anderweitige generierte Ergebnisse, die mittels Künstlicher Intelligenz verfasst oder erstellt wurden, von mir vollständig markiert wurden und die Zugriffsquelle, Datum und Eingabeparameter (Prompts) von mir vollständig angegeben wurden. […] (HTWK Leipzig 2024)

Ein Beispiel aus Österreich:

> Hiermit versichere ich, dass ich die vorliegende Arbeit selbstständig verfasst und keine anderen Hilfsmittel als die angegebenen benützt habe. Die Stellen, die anderen Werken (gilt ebenso für Werke aus elektronischen Datenbanken oder aus dem Internet) wörtlich oder sinngemäß entnommen sind, habe ich unter Angabe der Quelle und Einhaltung der Regeln wissenschaftlichen Zitierens kenntlich gemacht. Diese Versicherung umfasst auch in der Arbeit verwendete bildliche Darstellungen, Tabellen, Skizzen und Zeichnungen. Für die Erstellung der Arbeit habe ich auch folgende Hilfsmittel generativer KI-Tools _____ (z. B. ChatGPT, Grammarly Go, Midjourney) zu folgendem Zweck verwendet: [Bitte hier Einsatzgebiet anführen.]. Die verwendeten Hilfsmittel wurden vollständig und wahrheitsgetreu inkl. Produktversion und Prompt ausgewiesen. [Ort], [Datum] [Unterschrift] (Bundesministerium für Bildung, Wissenschaft und Forschung 2023)

Zusammenfassend wird deutlich, dass durch eine offene Kommunikation, eine fundierte Auseinandersetzung und eine ausführliche Dokumentation die Transparenz und Eigenständigkeit gewahrt und innerhalb wissenschaftlicher Arbeiten aufrechterhalten werden kann. Die Eigenständigkeit in Verbindung mit KI hat viele Facetten. Es sollte klar sein, welche Teile der Arbeit immer eigenständig erstellt werden müssen: die Studierenden treffen alle Entscheidungen beim Input in die KI selbst, sie müssen alle Vorgaben einhalten und die erhaltenen Resultate eigenständig prüfen. Der eigenständige Anteil der Studierenden ist hoch, wenn auf inhaltlicher Ebene das Ergebnis qualitativ hochwertig sein soll. Es gilt zu bedenken, dass KI in dem Rahmen eigenständig ist, den die Anwendenden zulassen – mit allen Vor- und Nachteilen. Dies deckt sich mit der Aussage, dass KI-Systeme weder für Inhalt noch Integrität wissenschaftlicher Arbeiten die Verantwortung übernehmen können und daher die Bedingungen für Verfasser von Studien nicht erfüllen (Stokel-Walker 2023). Es bleibt dabei immer der Mensch, der die Ergebnisse der KI überprüft, einschätzt und letztlich entscheidet, welche Rolle diese Ergebnisse in der eigenen Arbeit spielen sollen. Wenn die grundlegenden Prinzipien der Transparenz und der Wahrheit eingehalten werden, können Studierende von den Vorteilen der KI profitieren und gleichzeitig den ethischen Grundsätzen und akademischen Standards gerecht werden.

Ist die Verwendung von KI-generierten Inhalten und die einzuhaltenden Vorgaben mit den verantwortlichen Hochschulen bzw. den Prüfenden geklärt, müssen dennoch weitere rechtliche Aspekte berücksichtigt werden, die derzeit noch nicht abschließend geklärt sind, sondern sich permanent weiterentwickeln, wie Urheberrecht und Datenschutz (siehe Abschn. 1.4).

> **Fragen**
>
> *Finde heraus, ob und welche Regelungen zur Verwendung von KI bei Deiner Hochschule gelten! Ausgangspunkte Deiner Recherche könnten die Website, Anlaufstellen für Prüfungsfragen, Prüfende und andere Studierende sein.*

1.3 Was bringt die Verwendung von KI bei der Erstellung einer Hausarbeit? – Erwartungen und Chancen

Mit dem Zugang der allgemeinen Öffentlichkeit zu leistungsstarken KI-Tools steigen die Einsatzmöglichkeiten von KI im akademischen Bereich auch für Studierende. Deren Hoffnung ist es, sich diese neuen Werkzeuge zu Nutze zu machen und in kürzerer Zeit mit weniger Aufwand zu besseren Ergebnissen beim eigenen akademischen Arbeiten zu gelangen. Mit KI lassen sich gute Artikel in kürzerer Zeit produzieren (Fitria 2023). Strukturierungen von Texten und semantische sowie formale Korrekturen können einen Zeitvorteil bieten und Arbeitsprozesse erleichtern (Dergaa et al. 2023). In diesem Sinne ergebnisorientiert zu arbeiten bedeutet jedoch auch, realistische Erwartungen an KI-Tools zu haben, zusammen mit einem gewissen Vorwissen und einem Problembewusstsein für die Herausforderungen und Risiken.

Anhand des Themas Zeitmanagement beim Erstellen einer Hausarbeit können Erwartungen und Chancen sowie die Notwendigkeit von Vorwissen und Problembewusstsein gut veranschaulicht werden:

Bereits im Vorfeld und auch begleitend zum Prozess der Erstellung einer Hausarbeit können ohne Rücksprache mit Prüfenden KI-Tools eingesetzt werden, um Meilensteine zu setzen und einen Zeitplan erstellen zu lassen. KI-Zeitmanagement-Tools sind mit unterschiedlichen Funktionen ausgestattet, um zu analysieren, wie Zeit verbracht wird, um Ziele zu setzen, um Aufgaben zu priorisieren, um Zeitpläne zu automatisieren, um Erinnerungen einzurichten und den eigenen Fokus zu erhöhen. Auch ein KI-Chatbot kann hier unterstützen. Mögliche Fragen können wie folgt aussehen:

- *Ich möchte eine Hausarbeit in [Fach] schreiben. Ich bin im ersten Semester und habe überhaupt keine Ahnung, wie ich vorgehen soll. Bitte hilf' mir dabei!*
- *Wie würdest Du die Meilensteine beim Erstellen einer Hausarbeit definieren?*
- *Was ist ein realistischer Zeitplan zur Erstellung einer Hausarbeit von [Anzahl] Seiten, wenn ich wochentags [Anzahl] Stunde(n) dafür Zeit habe und am Wochenende jeweils [Anzahl] Stunden?*
- *Ich möchte meine Hausarbeit von [Anzahl] Seiten in [Anzahl] Wochen fertigstellen, bitte erstelle mir einen täglichen Arbeitsplan!*

In den Antworten von zum Beispiel ChatGPT wird zwar mitunter relativierend darauf hingewiesen, dass die Zeit, die benötigt wird, individuell variieren kann. Doch es obliegt den Anwendenden zu prüfen, ob wirklich alle Arbeitsschritte aufgeführt und in der korrekten Reihenfolge gelistet sind bzw. zeitlich ausreichend berücksichtigt wurden. Es ist daher auch nötig, eigenständig weiterführende Fragen zu finden, wie „*Wie viel zeitliche Reserve sollte man einrechnen?*" Diese „Fragen" werden „Prompts" genannt und ihre Qualität hat Auswirkungen auf die Ausgaben (siehe Kap. 2). Der Einsatz von KI bei den einzelnen Arbeitsschritten der Erstellung einer Hausarbeit wird in Kap. 4 in gängiger Reihenfolge des Arbeitsprozesses dargelegt.

Die Chancen der Verwendung von KI-Tools werden deutlicher in einem kompetenzorientierten Fokus. Rückmeldungen von Studierenden deuten darauf hin, dass kognitive und schriftliche Prozesse angeregt werden, zum Beispiel durch Funktionen wie Brainstorming generell oder speziell als Hilfe bei der Themenfindung. KI-Chatbots wie ChatGPT und Gemini können inspirieren und helfen, Ideen und Inhalte zu entwickeln. Denk- und Schreibprozesse werden auf diese Weise angeregt und können schneller ins Rollen gebracht werden (Becker 2024; Tang et al. 2024).

1 Einführung

Ebenfalls eine Chance der individuellen Verbesserung besteht darin, sich z. B. die einzelnen notwendigen Arbeitsschritte beim Erstellen einer Hausarbeit erklären zu lassen und bei der Umsetzung durch Verbesserungen und Feedback seitens der KI-Tools erste Textentwürfe, Hypothesen, Gliederungsvorschlägen bis hin zur sprachlichen Gestaltung der Texte weiterzuentwickeln (Chan und Hu 2023; Nguyen et al. 2024). Ein weiterer Anwendungsbereich kann die Unterstützung durch KI sein, wenn die Ausgangsinformationen oder die Zielsprache des zu erstellenden Textes eine sprachliche Herausforderung darstellen, wenn es sich zum Beispiel nicht um die eigene Muttersprache handelt (Del Giglio und da Costa 2023). Einen anderen Transfer können KI-Programme leisten, wenn es darum geht, geschriebenen Inhalt in visuell ansprechende Präsentationsformate umzuwandeln (Fu et al. 2022), zum Beispiel Gamma, PopAi, Simplified.

Die Analyse des KI-Tools ProWritingAid hat noch Aspekte anderer Qualität zutage gebracht: Der Fokus kann stärker auf die Inhalte gelegt werden als auf korrekte Grammatik, Lesbarkeit und Stil. Die KI analysiert den Textentwurf detailliert und verbessert die Schreibfähigkeiten sowie die Textqualität. Ein zusätzlicher Effekt des Feedbacks durch die KI kann sein, dass das Selbstvertrauen gestärkt wird (Fitria 2023).

Zusammenfassend kann man festhalten, dass Künstliche Intelligenz ein wirksames Werkzeug ist, um sowohl den Zeitaufwand für das Verfassen von Hausarbeiten zu reduzieren als auch die Qualität zu verbessern. Vor allem aber kann es dazu dienen, nicht nur die Herausforderungen des wissenschaftlichen Arbeitens zu meistern und dabei auch wertvolle Kompetenzen im Umgang mit KI zu erwerben, sondern diesen Prozess zu individualisieren und den eigenen Stärken und Schwächen anzupassen.

Die Anwendung von KI bei Hausarbeiten ist ein Balanceakt. Einerseits bieten KI-Anwendungen erhebliche Vorteile, die es auch gilt, realistisch einschätzen zu lernen in Bezug auf Anregung, Arbeitserleichterung, Textqualität, Kompetenzerwerb und Zeitersparnis. Andererseits dürfen die Eigenständigkeit der Arbeit und die wissenschaftliche Ethik nicht vernachlässigt werden, die individuelle Note des Studierenden sollte beibehalten werden und deutlich machen, dass der wissenschaftliche Output von den Gedanken und Analysen des Studierenden geleitet wurde. Die Nutzung von Künstlicher Intelligenz darf und sollte nicht dazu führen, dass die eigene wertvolle Denkleistung und wissenschaftliche Arbeit ersetzt werden.

Fragen

Was sind deine Erwartungen und Hoffnungen?

1.4 Welche Probleme kann es bei der KI-Nutzung in der akademischen Ausbildung geben? – Realität und Risiken

Der Einsatz von KI bei der Erstellung von Hausarbeiten ist ein strittiges Thema, weil er ethische und rechtliche Themen berührt und in diesen Bereichen bei der Verwendung nicht nur Probleme verursachen, sondern Werte und Standards aufs Spiel setzen kann. Viele Aspekte des Einsatzes von KI sind daher noch ungeklärt. Potenzielle Vorteile und Fallstricke müssen in differenzierter Perspektive sorgsam abgewogen werden. Neben ethischen und rechtlichen Bedenken sind auch spezifische KI-Probleme zu berücksichtigen und entsprechende Gegenmaßnahmen bei der Ausgestaltung von Vereinbarungen zu entwickeln, um Chancengleichheit, Freiheit der Lehre und Kompetenzerwerb zu wahren. Die Chancen und Risiken der Verwendung von KI in der akademischen Ausbildung werden erkannt, das zeigen nicht zuletzt erste Stellungnahmen und Handreichungen für Prüfende zu Bedingungen und Verfahren für die Verwendung von KI, zum Beispiel der Universität Stuttgart und der HTWK Leipzig.

1.4.1 Ethische und rechtliche Probleme

Ethische und rechtliche Bedenken, die im Folgenden aus Sicht juristischer Laien wiedergegeben werden und aufgrund der ständigen Weiterentwicklung nur eine Momentaufnahme sein können, beziehen sich auf Fragen des Missbrauchs und des Urheberrechts. Die Nutzung von KI kann dazu verleiten, KI-generierte Textblöcke zu verwenden, ohne diese ordnungsgemäß zu kennzeichnen. Generell gilt, dass die unmarkierte Übernahme von Texten oder Textbausteinen, unabhängig davon, ob dafür auch KI verwendet wurde, als Verstoß oder Täuschungsversuch gilt, im Sinne der Aneignung fremden geistigen Eigentums. Zudem gehört zur Hausarbeit eine Selbständigkeitserklärung mit der Angabe, die Arbeit eigenständig, ohne fremde Hilfe und unter alleiniger Verwendung der angegebenen Hilfsmittel erstellt zu haben. Ohne Kenntlichmachung der Verwendung von KI liegt daher ein Täuschungsversuch vor. Die betreffende Arbeit wird entsprechend mit „nicht ausreichend" (5,0) bewertet (KI in der Lehre HTWK 2024). Es besteht demnach in zweifacher Weise die Gefahr akademischen Betrugs durch das Hinzufügen von KI-generierten Texten (Livberber und Ayvaz 2023). Die Frage ist jedoch noch offen, wie die Rolle des KI-Systems im Schreibprozess angemessen offengelegt werden kann (Tang et al. 2024).

1 Einführung

Leider kann dies auch ohne die mutwillige Absicht der Studierenden erfolgen, zum Beispiel, wenn durch das verwendete KI-Tool Passagen wörtlich aus anderen Texten übernommen werden, ohne dass diese als Zitate kenntlich gemacht werden. Wenn den Studierenden die Ausgangstexte nicht bekannt sind, können sie diese auch nicht als Texte von Dritten identifizieren. In solchen Fällen sind unbeabsichtigt Plagiate entstanden, wobei es dennoch in der Verantwortung der Studierenden liegt, diese zu vermeiden. Noch komplexer wird das Problem dadurch, dass Plagiate nicht nur wörtliches Kopieren von Texten umfassen, sondern auch die Reproduktion von Ideen, Methoden, Grafiken und weiteren Formen des geistigen Outputs von Anderen (Tang et al. 2024).

Die weitere Frage des Urheberrechts geht demnach in zwei Richtungen: Wie wird die Urheberschaft der Informationen im Data Set von geistig Schaffenden durch die KI kenntlich gemacht und wie steht es um die Autorenschaft und das Urheberrecht von KI-generierten Inhalten? Im Bereich des intellektuellen Eigentums werden Forschungsarbeiten und wissenschaftliche Arbeiten üblicherweise menschlichen Verfassern zugeschrieben, da sie deren Wissen, Expertise und intellektuelle Beiträge widerspiegeln. Das Urheberrecht schützt nur Werke, die durch persönliche geistige Schöpfung charakterisiert sind: Es wird argumentiert, dass KI-Systemen die geistigen Beiträge fehlen, um ihre Werke urheberrechtlich schützen zu können. Computerprogramme sind schutzfähig durch Urheberrecht und zum Teil durch Patentrecht, ihre selbstständigen Erzeugnisse nicht (Scheufen 2019). Generative KI-Tools sind keine rechtlichen Entitäten, die daher auch keine Verantwortung und Rechenschaftspflicht für Inhalte im Manuskript übernehmen können. In diesem Sinne zeigen auch aktuelle Debatten unter akademischen Forschern, dass KI daher als Co-Autor ungeeignet ist (Tang et al. 2024). Zudem stehen die Personen, die an einer computergestützten Schöpfung beteiligt waren, die Dateninhabenden, die Programmierenden der KI oder die KI selbst je nach Grad der Selbständigkeit als mögliche Instanzen der Urheberschaft eines durch KI generierten Werks zur Debatte – eine Frage, die nach wie vor offen und ohne Rechtsrahmen ist (Scheufen 2019). Urheberrechtliche Risiken werden verringert, wenn man lizenzierte und legal trainierte KI-Modelle nutzt (Bäcker 2024).

Neben dem Urheberrecht ist auch der Datenschutz bei der Verwendung von KI zu beachten. KI-Anbieter können die von den Anwendenden in den Prompts eingepflegten Daten für eigene Zwecke nutzen, wie z. B. beim Training der KI. Dies betrifft sowohl personenbezogene Daten als auch Geschäftsgeheimnisse und urheberrechtlich geschützte Werke (Bäcker 2024), sodass es auch hier Aufgabe von Studierenden ist, solche Daten nicht in die KI einzuspeisen.

Hinsichtlich der Nutzung von KI-Tools müssen die Nutzungsbedingungen der Anbieter berücksichtigt werden, welche Bestimmungen in Bezug auf Lizenzen gelten, für welche Zwecke sie genutzt werden dürfen und welche Rechte den Nutzenden eingeräumt werden. In der Regel sind durch KI erstellte Inhalte nicht urheberrechtlich geschützt. Daher steht es jedem frei, diese Inhalte uneingeschränkt zu verwenden, eine Einräumung von Nutzungsrechten erfolgt lediglich dann, wenn die KI-generierten Inhalte Werke Dritter beinhalten (Horn 2023). Da sich manche KI-Tools Nutzungsrechte am generierten Output übertragen lassen, um diese beispielsweise für Trainingszwecke zu nutzen (Verch 2024), ist es unbedingt notwendig, die Nutzungsbedingungen zu lesen und diese zu berücksichtigen.

An dieser Stelle kann besonders die rechtliche Lage nicht abschließend erörtert werden. Ein Ziel der Auseinandersetzung mit KI bereits während des Studiums sollte es sein, dass Studierende diesbezüglich ein kritisches Problembewusstsein entwickeln.

1.4.2 KI-spezifische Probleme

In aktuellen Prüfungsordnungen und Eigenständigkeitserklärungen besteht vielfach kein Gestaltungsraum (KI in der Lehre HTWK 2024), es liegen noch keine Antworten für KI-spezifische Probleme der Nutzung für Hausarbeiten vor. Neben den zum Teil noch ungeklärten rechtlichen, ethischen und institutionellen Rahmenbedingungen gibt es eine Bandbreite von Problemen, die in den KI-Tools begründet liegen. Diese betreffen sowohl die Datenbasis und die Arbeitsweise von KI als auch die ausgegebenen Ergebnisse.

Problematisch ist beispielsweise, dass sich die Data Sets aufgrund der KI-Algorithmen nur eingeschränkt von Dritten überprüfen lassen. (KI in der Lehre HTWK 2024). Gleiches gilt für die Prüfung, ob ethische Standards bei den KI-Systemen eingehalten werden und wie Interessenkonflikte offengelegt werden können. Äußerst gravierende Auswirkungen kann jedoch die potenzielle Voreingenommenheit durch die Trainingsdaten der KI-Systeme haben: Die in ihnen enthaltenen Vorurteile können durch KI-Anwendungen verstärkt und negative Stereotypen und Diskriminierungen somit fortgeschrieben werden (Tang et al. 2024).

Zu diesen Problemen, die KI-Systemen inhärent sind, kommen sogenannte Hallucinations hinzu: KI liefert unsinnige, fiktive oder ungenaue Beiträge (siehe Abschn. 2.1) und gibt nicht-existierenden Quellen aus (KI in der Lehre HTWK 2024). Neben punktuellen Hallucinations erzeugt KI sogar strukturell fehlgeleitete Ergebnisse. Dies birgt die Gefahr, dass fehlerhafte Informationen durch KI in die

Wissenschaft mit einfließen. Dabei reicht die Spanne von geringfügigen Fehlern bis hin zu vollständig erfundenen Daten, die plausibel wirken (Tang et al. 2024). Indem KI mitunter fiktiv arbeitet (KI in der Lehre HTWK 2024), mangelt es an Zuverlässigkeit. Es bestehen demnach Zweifel an Genauigkeit und Unvoreingenommenheit aufgrund möglicher Fehlinformationen, zum Beispiel bei ChatGPT (Livberber und Ayvaz 2023). Daher ist eine offene Erklärung der Verwendung generativer KI-Systeme wichtig, um Erkenntnisgewinn transparent zu machen, Glaubwürdigkeit aufrechtzuerhalten und Vorurteile nicht unbemerkt zu übernehmen (Tang et al. 2024).

1.4.3 Maßnahmen und Gestaltung der Entwicklung

Aktuelle Handreichungen von Universitäten wie der Universität Stuttgart und der HTWK Leipzig gehen die Herausforderungen für den Umgang mit KI an, die sich insbesondere bei unbeaufsichtigten Prüfungen wie der Erstellung von Bachelor- oder Masterarbeiten ergeben (Stuttgart Handreichung 2023, KI in der Lehre HTWK 2024). Die praktischen Empfehlungen zielen darauf ab, klar und deutlich die Erwartungen an die Prüflinge vor Beginn der Prüfungsleistung zu kommunizieren. KI-basierte Werkzeuge sollen offen genutzt werden und Konsequenzen ihrer verschwiegenen Verwendung für die Bewertung von Prüfungsleistungen klar sein (KI in der Lehre HTWK 2024). Hierbei werden erlaubte KI-Hilfsmittel vor und in den Prüfungen genau definiert (Stuttgart Handreichung 2023), um vor unerwarteten Täuschungsvorwürfen zu schützen. Den Studierenden wird nahegelegt, jedes KI-Resultat zu prüfen, um wissenschaftlichen Anforderungen einer Arbeit oder Prüfung gerecht zu werden (KI in der Lehre HTWK 2024). Der Wert einer eigenständig erstellten wissenschaftlichen Arbeit soll den Studierenden bewusst bleiben (KI in der Lehre HTWK 2024). Und schließlich können Studierende angehört und befragt werden bei Verdacht auf ungekennzeichnete Nutzung von KI-Tools (KI in der Lehre HTWK 2024). Gemäß solchen Handreichungen besteht ein Lehr-Lernziel darin, dass Studierende reflektiert und kritisch mit KI-Werkzeugen umgehen können (KI in der Lehre HTWK 2024).

An der HTWK Leipzig werden Lehrende ermutigt, gemeinsam mit Studierenden eine verantwortungsvolle wissenschaftliche Arbeitsweise mit KI zu etablieren (KI in der Lehre HTWK 2024). Es bedarf einer aktiven Gestaltung durch alle Beteiligten, Fragen im Umgang mit KI zu klären und den Prozess der KI-Einbindung in die akademische Bildung sinnig zu begleiten. Dabei geht es darum, wie auf die Herausforderungen durch die Nutzung von KI-Werkzeugen reagiert werden kann, was sich bei unbeaufsichtigten Prüfungen ändert beziehungsweise, ob Anpassungsbedarf bei Prüfungsformen besteht (Stuttgart Handreichung 2023). Weitergehend besteht Klärungsbedarf, wer Reaktionen auf die fortlaufenden Entwicklungen im Bereich von KI für die akademische Ausbildung festlegen soll und welche Aspekte es zu berücksichtigen gilt (Stuttgart Handreichung 2023). Ziel ist es, eine offene Diskussion zu ermöglichen und zukunftsweisende Handlungsoptionen zu eröffnen.

1.4.4 Wahrung und Ermöglichung von Chancengleichheit, Freiheit der Lehre und Kompetenzerwerb

Beim Zugang zu KI-Werkzeugen muss für Chancengleichheit in der akademischen Ausbildung gesorgt werden, dass alle Studierenden freien Zugang (Stuttgart Handreichung 2023) erhalten und gleichermaßen davon profitieren. Nur so können gegebenenfalls bestehende Ungleichheiten abgebaut und Personen mit unterschiedlichen Voraussetzungen gefördert werden (Stuttgart Handreichung 2023), andernfalls kann die Fairness der Bedingungen für alle Prüflinge infrage gestellt werden.

Der Einsatz von KI soll freiwillig bleiben, sowohl für Lehrende als auch Studierende, und darf nicht verpflichtend sein (KI in der Lehre HTWK 2024), sodass die grundgesetzlich geschützte Freiheit der Lehre unangetastet bleibt. Es ist das Vorrecht des Lehrenden zu entscheiden, welche Art von KI-Tools aktiv gefördert, eingeschränkt eingesetzt oder verboten werden (KI in der Lehre HTWK 2024). Es bedarf einer klaren Kommunikation seitens der Lehrenden und bei Zulassung als Hilfsmittel eine notwendige Dokumentation seitens der Studierenden, zum Beispiel in Form von Screenshots, Listung der Prompts oder getätigter Eingaben an das KI-Werkzeug (KI in der Lehre HTWK 2024).

Nicht zuletzt geht es beim Umgang mit KI um den Erwerb von Kompetenzen. Studierende sollen sich vertraut machen mit KI-Tools und mit ihnen reflektiert umgehen und sich im kritischen Umgang mit neuen Technologien schulen können (KI in der Lehre HTWK 2024). KI-Hilfsmittel sollen offen und experimentell genutzt werden, dabei sind Eingaben zu Demonstrationszwecken und von fiktiven Daten zulässig (KI in der Lehre HTWK 2024). Besonders im Zusammenhang mit KI können die Grundprinzipien guter wissenschaftlicher Praxis deutlich werden.

Zusammenfassend sind sowohl auf individueller als auch auf kollektiver und institutioneller Ebene problematische Aspekte im Umgang mit KI im Blick zu behalten und bestimmte Rahmen abzustecken und einzuhalten als auch Möglichkeiten zu eröffnen, alle Beteiligten einzubeziehen und die Anwendung für alle gleich und gerecht zu regeln. Die erwähnten Probleme sollten nicht zum

Ausschluss der Verwendung von KI im Hochschulkontext führen, sondern progressiv die Erarbeitung von Regeln, Richtlinien und Schulungen zur sachgemäßen Verwendung der KI bewirken.

Die Einbindung von KI in die Hochschulbildung ist daher sorgfältig zu planen und durchzuführen, unter Berücksichtigung von Chancengleichheit, Transparenz, Freiheit der Lehre und anderen rechtlichen und ethischen Aspekten. Dabei spielt die kontinuierliche Kommunikation zwischen den verschiedenen Agierenden und Betroffenen eine entscheidende Rolle. Nur durch klare Regeln und Richtlinien kann sichergestellt werden, dass der Einsatz von KI das akademische Umfeld bereichert und nicht beeinträchtigt.

Fragen

Welche Herausforderungen und Risiken sind relevant für Dich?

Arbeiten mit KI

2

Friedrich Figge und Kirsten Darby

2.1 Notwendige Vorkenntnisse für den Start – Begriffsklärungen

2.1.1 Zentrale Begriffe zum Arbeiten mit KI

Im Kontext von KI gibt es eine spezielle Terminologie. Um KI besser zu verstehen, sicher anzuwenden und kontrolliert bessere Ergebnisse zu erzielen, ist das Verständnis von drei zentralen Begriffen aus dem Bereich der Steuerung der KI und deren Ausgaben von Bedeutung: Prompt, Hallucinations und Temperature.

Prompt bezieht sich in der Informatik auf einen Befehl in einer Kommandozeile oder einem Texteditor. Ein Prompt ist vergleichbar mit einer Suchanfrage, die in eine Suchzeile einer Suchmaschine eingegeben wird, um spezifische Ergebnisse zu erhalten. Prompts können so einfach wie ein einzelner Satz oder so komplex wie ein mehrseitiges Briefing sein. Im Kontext der KI und generativer Systeme leitet ein Prompt die KI dazu an, auf eine bestimmte Weise zu reagieren oder bestimmte Informationen zu generieren. **Prompt Engineering** beschreibt den systematischen Prozess, Anweisungen präzise und effektiv zu konstruieren, um die erzeugte Ausgabe eines künstlichen Modells zu verbessern. Die Formulierung eines Prompts bei der Verwendung von KI sollte nicht beliebig erfolgen, da die Länge der Anweisungen und sogar die Wortreihenfolge das generierte

F. Figge
Leipzig, Deutschland

K. Darby (✉)
Hannover, Deutschland
E-Mail: kirsten.darby@posteo.de

© Der/die Autor(en), exklusiv lizenziert an Springer Fachmedien Wiesbaden GmbH, ein Teil von Springer Nature 2025
F. Figge und K. Darby, *Studentische Hausarbeiten mit KI meistern*,
https://doi.org/10.1007/978-3-658-48947-2_2

Ergebnis beeinflussen. Ein Prompt kann Probleme verursachen, wenn Anweisungen innerhalb eines längeren sogenannten Kontextkörpers miteinander in Konflikt geraten (Dang et al. 2022).

Hallucination bezieht sich auf ein Phänomen, bei dem die KI mit Erfundenem antwortet, dies aber schwer zu erkennen ist, weil das generierte Ergebnis plausibel wirkt. Wenn eine künstliche Intelligenz halluziniert, produziert sie fehlerhafte Informationen, die überzeugend klingen, tatsächlich aber unsinnig oder falsch sind. Die Ursache kann einerseits in unzureichenden oder fehlerhaften Prompts liegen, in den verfügbaren Datensätzen, andererseits darin, dass das Rahmenprogramm die Informationsweitergabe selbst als wichtiger einstuft als ihre Korrektheit (Dziri et al. 2022), seine Aufgabe also darin besteht zu überzeugen, anstatt wahrheitsgemäß Informationen zu übermitteln (Gladd 2020). Ohne Wissen um diese Hallucinations übertragen Benutzende den KI-Systemen die Verantwortung für die Bereitstellung genauer und zuverlässiger Informationen und setzen sich damit dem Risiko aus, unbeabsichtigt Fehlinformationen zu akzeptieren und weiterzugeben (Monteith et al. 2024). Ein Problembewusstsein hinsichtlich möglicher Hallucinations führt dazu, dass KI-Anwendende sowohl ihre eigenen Prompts als auch die generierten Informationen kritisch analysieren und deren Genauigkeit überprüfen. Hierin zeigt sich die zunehmende Bedeutung von Medien- und Informationskompetenz (Klar und Schleiss 2024).

Temperature ist ein Parameter in der künstlichen Intelligenz und der natürlichen Sprachverarbeitung, der den Grad der Zufälligkeit oder Unvorhersehbarkeit in den Ausgaben von Sprachmodellen kontrolliert (Kusunose et al. 2023). Temperature-Einstellungen können nicht immer selbst vorgenommen werden, sondern erfolgen mitunter indirekt über die Formulierung des Prompts. Ist die Regulierung unabhängig vom Prompt möglich, führt eine höhere Temperature zu mehr Zufälligkeit und Abweichung vom Eingangstext und eine niedrigere Temperature zu regelgebundenen und kontextuell angepassten Antworten (Peeperkorn et al. 2024; Renze und Guven 2024). Beispielsweise könnte ein wissenschaftlicher Schreibassistent mit einer hohen Temperature-Einstellung eine vielfältige Auswahl an Einführungssätzen für eine Arbeit liefern, wobei jeder Satz einzigartig und originell ist. Auf der anderen Seite könnte derselbe Assistent mit einer niedrigen Temperature-Einstellung eher konventionelle, formale Einführungen generieren, die weitgehend den Erwartungen und Standards von wissenschaftlichen Arbeiten entsprechen.

Probleme bezüglich der Prompts generell und im Hinblick auf Hallucinations und Temperature können auf bestimmte Weisen minimiert werden (siehe Abschn. 2.3).

2.1.2 Notwendige Vorkenntnisse für die Auswahl und Bewertung von KI-Tools

Ein tieferes Verständnis für weitere Konzepte, Mechanismen und Terminologien im Zusammenhang mit KI hilft, sie effizienter zu nutzen sowie fundierte Entscheidungen bei der Auswahl eines geeigneten KI-Tools für das persönliche Anliegen und die spezifischen Anforderungen beim Erstellen einer Hausarbeit zu treffen. Natural Language Processing, Large Language Model, Big Data, Machine Learning und Deep Learning zählen zu den Kernbegriffen.

Sie hängen in folgender Weise zusammen: Natural Language Processing, zu Deutsch „Verarbeitung natürlicher Sprache", gibt Computern die Fähigkeit, Text und gesprochene Sprache ähnlich wie Menschen zu verstehen (Liddy 2001). Large Language Models sind als große Sprachmodelle eine spezielle Art von NLP-Modellen, die auf riesigen Datensätzen, sogenannten Big Data trainiert werden. Die bekanntesten Trainingsprozesse, um die Daten in den Datenbanken zu verarbeiten, sind Machine Learning und Deep Learning (Hattenhauer 2023). Auf diese Weise sollen menschliche Intelligenz simuliert und das Denken und Lernen von Menschen repliziert werden.

Natural Language Processing (NLP) erlaubt Maschinen, menschliche Sprache – ob geschrieben oder gesprochen – zu verarbeiten und darauf zu reagieren (Liddy 2001). NLP findet breite Anwendung in zahlreichen alltäglichen Produkten und Dienstleistungen. Beispiele hierfür sind Sprachassistenten auf Smartphones oder Übersetzungs-Apps, die fremde Sprachen entschlüsseln. Darüber hinaus ermöglicht NLP, automatisiert und nach festen Regeln Informationen aus unstrukturiertem Material auszugeben, Text auf inhaltlicher Basis in vordefinierte Kategorien zu sortieren oder den emotionalen Gehalt von Texten ohne eigene Lektüre zu bestimmen (Lee 2024). NLP ist ein zentrales Element für die Erstellung von KI-Textgeneratoren wie GPT (Generative Pre-training Transformer).

Large Language Model (LLM) bezieht sich auf Arten von KI, die mittels neuronaler Netzwerke – vom menschlichen Gehirn inspiriert bzw. auf Basis großer Datenbestände darauf trainiert sind, menschenähnliche Texte zu generieren. Diese Modelle des Typs Machine-Learning-Model passen sich an und verbessern sich in der Interaktion mit Menschen in ihrem Einsatz. (Buitrago-Esquinas et al. 2024). Dies ermöglicht zum Beispiel nicht nur Texte für Beschreibungen, informative Beiträge und Artikel zu generieren, Inhalte in verschiedene Sprachen zu übersetzen oder große Mengen von Textdaten für eine effizientere Verarbeitung und Analyse zu klassifizieren und zu kategorisieren, sondern auch, in der Form eines

Chatbots in einen Dialog zu treten. LLM baut auf der NLP-Technologie auf und hebt sie auf ein neues Niveau.

Big Data werden die immensen Datenmengen genannt, mit denen LLMs trainiert werden. Der Begriff bezieht sich auf Datenmengen, die aufgrund ihrer Größe oder Art nicht mehr mit herkömmlichen relationalen Datenbanken verarbeitet werden können (Torrecilla und Romo 2018). Tools zur Verarbeitung dieser Big Data unterscheiden sich zwischen vorgefertigten Modellen, bei denen kein zusätzliches Material eingespeist werden kann, und Modellen zur Erstellung von benutzerdefinierten Konversationsszenarien (Davoudian und Liu 2021). KI-Modelle werden oft auf Big Data Sets trainiert, um umfangreiche und detaillierte Erkenntnisse für Vorhersagen und Klassifizierungen zu erlangen. Diese Datensätze werden auch zum Training von KI-Modellen verwendet, um die wahrscheinlichste Antwort, den wahrscheinlichsten Text zu erzeugen. Qualitativ hochwertige Datensätze sind entscheidend für genaue Ergebnisse von KI-Anwendungen.

Machine Learning, zu Deutsch: Maschinelles Lernen, ist ein Teilbereich der KI, bei dem Computersysteme lernen und sinnvolle Ergebnisse liefern sollen, ohne auf bestimmte Fragen vorab programmiert zu sein und ohne einen konkreten Lösungsweg parat zu haben (Mehta et al. 2019; Heyduck 2021). Das wird ermöglicht durch das Training von Algorithmen anhand von ausreichenden Datensätzen in Bezug auf verschiedene Zusammenhänge, die auf neue, dem System unbekannte Daten angewendet werden können (Botsch 2023; Heyduck 2021). Dadurch führen Maschinen Aufgaben aus, die normalerweise nur Menschen durchführen können, wie beispielsweise Bilder kategorisieren, Daten analysieren und Text von einer Sprache in eine andere übersetzen, aber auch Vorhersagen treffen oder Klassifizierungen vornehmen.

Deep Learning stellt eine spezielle Form des maschinellen Lernens dar, die neuronale Netzwerke mit vielen Schichten (daher der Name „deep") verwendet und kontinuierlich verbessert (Hattenhauer 2023). Ehemals löste die KI Probleme, die für Menschen schwierig waren, aber einfach für Computer aufgrund formaler, mathematischer Regeln. Bei Deep Learning hingegen geht es um Aufgaben, welche schwer formal zu beschreiben und die intuitiv zu lösen sind wie Assoziationen herstellen oder Datenmuster erlernen und verstehen. Deshalb müssen die Computer aus Erfahrungen lernen sowie Hierarchien von Konzepten und ihr Verhältnis zu einfacheren Konzepten verstehen – so entstehen die oben genannten Schichten (LeCun et al. 2015). Es eignet sich besonders für komplexe Daten in Kombination mit großen Datenmengen, bei denen datenbasierte Entscheidungen getroffen werden sollen, wie bei Bildanalyse und -suche, zum Beispiel auch bei der Gesichtserkennung in Digitalkameras sowie bei Erkennung und Verarbeitung natürlicher Sprache wie bei Übersetzungen (Kelleher 2019). Diese Methode wird häufig in GPT-Anwendungen von großen Sprachmodellen oder Bildgeneratoren eingesetzt. Ein Problem ist jedoch – insbesondere evident bei medizinischen Anwendungen –, dass die Arbeitsweise und Lösungswege der Modelle nicht transparent sind, weshalb inzwischen Methoden der Visualisierung, Erklärung und Interpretation von Deep-Learning-Modellen entwickelt werden (Samek et al. 2017).

Ein wesentlicher Unterschied zwischen Machine Learning und Deep Learning besteht darin, dass Deep Learning basierend auf neuronalen Netzwerken auch aus unstrukturierten Daten lernen kann, während einfachere maschinelle Lernmodelle, die statistische Methoden zum Lernen von Daten verwenden, mehr Kontext über die Daten benötigen, um korrekt zu „lernen" (Sharifani und Amini 2023).

Für die Auswahl eines geeigneten KI-Tools kann die Frage bedeutsam sein, wie das Training mit den Daten erfolgt. Es wird unterschieden zwischen

- Supervised Learning,
- Unsupervised Learning und
- Reinforcement Learning.

Beim Supervised Learning werden zum Erlernen von Beziehungen zwischen Eingaben und Ausgaben die Trainingsdaten mit einem Kennzeichen versehen (labeled training data). Unsupervised Learning funktioniert ohne labeled data zur Identifizierung von Mustern oder Strukturen in den Daten. Beim Reinforcement Learning lernt das Modell durch Interaktion mit einer Umgebung basierend auf seinen Aktionen, die entweder bestärkt oder zurückgewiesen werden (Sasakawa et al. 2007), um optimale Entscheidungsstrategien zu entwickeln.

Insgesamt ermöglicht ein fundiertes Wissen über die Grundlagen der Künstlichen Intelligenz den Anwendenden eine fundierte Basis zur Auswahl eines KI-Tools, die effizientere Nutzung, eine effektivere Problemlösung und eine qualifizierte Bewertung ihrer Leistungsfähigkeit. Die Vielfalt an KI-Modellen, gekennzeichnet durch wachsenden Wettbewerb und sich beständig erweiternde Funktionen, erfordert eine sorgfältige Evaluation verschiedener Kriterien, von technischen Fähigkeiten über anwendungsspezifische Anforderungen bis hin zu hoher Qualität und Integrität für den Gebrauch in der Wissenschaft wie Genauigkeit der Antworten, Reaktionsfähigkeit und Zugänglichkeit.

Bei der Auswahl eines geeigneten KI-Tools können folgende konkrete Aspekte von Bedeutung sein: Anwendungsgebiet, Funktionalität, Modellleistung, Datenanforderungen, Skalierbarkeit und Integration, Kosten und Ressourcen, Support und Schulung sowie Datenschutz, ethische Aspekte, aber auch Nachhaltigkeit.

Anwendungsgebiete von KI-Tools können entweder eine breit aufgestellte Auswahl umfassen oder auf konkrete Anwendungen spezialisiert sein. Die konkreten Anwendungen helfen bei der Informationssuche in Form von KI-Suchmaschinen und Literaturrecherche-Tools, bei der Informationsauswertung wie Literaturauswertung oder Datenanalyse, aber auch beim Erkennen von Emotionen oder Bildern, bei der Informationsumwandlung, indem Generative KI-Inhalte in verschiedenen Formaten wie Text, Audio, Video erzeugt, Sprache zu Text umgewandelt oder im Bereich Software-Entwicklung Code generiert werden, und schließlich bei der Informationsaufbereitung für spezielle Anwendungen wie Gliederungsgeneratoren, Textkorrekturen (Bucher et al. 2024), aber auch im Zeitmanagement. Es empfiehlt sich, je nach Aufgabe ein spezifisches Tool zu verwenden.

Funktionalität und **Modellleistung** als Kriterien beziehen sich zum Beispiel auf ein langes Gesprächsgedächtnis und vielseitige Antwortfähigkeiten, Effektivität und Genauigkeit. Bei **Datenanforderungen** ist darauf zu achten, welche Art, Menge, Qualität und Verfügbarkeit die verwendeten sowie die benötigten Daten haben. Ein Tool kann mit Daten bis zu einem bestimmten Zeitpunkt trainiert sein, dem sogenannten „cutoff date", und keine neueren Informationen enthalten, zum Beispiel GPT 3.5 derzeit mit Daten bis zum Januar 2022. In seltenen Fällen könnten auch **Skalierbarkeit** und **Integration** in bestehende Produktsysteme Kriterien bei der Auswahl eines geeigneten Tools sein, die im Vorfeld recherchiert und ermittelt werden können.

Mit Sicherheit spielen auch die **Kosten** und die benötigten **Ressourcen** wie Rechenleistung oder Speicherplatz bei der Auswahl eine Rolle. Kostenpflichtige Modelle garantieren nicht notwendigerweise eine höhere Qualität, vielfach bieten sie jedoch ein weiteres Spektrum an Funktionalitäten oder spezifische Ausrichtung. Zu den Ressourcen gehören auch Informationen über den verfügbaren **Support,** Schulungsmöglichkeiten und Dokumentationen zur effektiven Nutzung des KI-Tools.

Datenschutz und **ethische Aspekte** können ebenfalls Kriterien zur Auswahl und Bewertung von KI-Tools sein. Auch die Vermeidung von „Bias" (siehe Abschn. 2.3.3) ist ein Entscheidungsfaktor, um repräsentative Datensätze und Diversität in der Interaktion mit dem Modell zu fördern.

Eine grundlegende Entscheidung bezieht sich auf die **Nachhaltigkeit:** Die Nutzung von Computern braucht Energie sowohl für die Speicherung als auch für die Rechenleistungen. Bei der Nutzung von KI-Tools werden beide Ressourcen in großem Maße verwendet, weshalb auch exponentiell mehr Energie aufgewendet werden muss. Es wird erwartet, dass der Anteil von Computern am weltweiten Stromverbrauch von 1–2 % im Jahr 2018 auf voraussichtlich 8–21 % bis 2030 steigen wird (Magubane 2023). Sicherlich kann KI bei der Lösung von Umweltproblemen helfen (AI for Green), sie ist aber selbst auch Ursache erhöhten Stromverbrauchs und CO_2-Ausstoßes als Auswirkungen der Trainings von Modellen (Ligozat et al. 2022), durch Bau und Betreibung von Rechenzentren und Fabriken und während der Herstellung und Vertreibung von Rechnern (Magubane 2023). Daher sollte man nicht nur über die Wahl eines KI-Tools nachdenken und dieses möglichst nach Umweltfreundlichkeit aussuchen (Green AI), sondern auch darüber, wie man dessen Verwendung auf das Nötigste reduzieren kann.

Diese stetigen Entwicklungen erhöhen die Auswahlmöglichkeiten, erfordern aber auch klare Kriterien für die Auswahl des richtigen Modells. Diese sollte auch auf die Arbeitsweise und die Ziele der Studierenden abgestimmt sein. Idealerweise probiert man einige Tools in der eigenen Interaktion aus und sammelt mit verschiedenen Anwendungen eigene Erfahrungen. Je mehr Übung und Verständnis für die Modelle, ihre Fähigkeiten und die eigene Arbeitsweise die Anwendenden erlangen, desto eher können sie spezifische Arbeitsschritte mit spezifisch ausgerichteten Modellen bewältigen.

Fragen

Überlege Dir, welche KI-Tools Du gebrauchen könntest! Finde heraus, welche spezifischen Tools es dafür gibt! Eine Internet-Recherche mit der Suchanfrage „there is an ai for that"[1] könnte ein guter Startpunkt sein.

2.2 Prompt Engineering

Präzise Prompt-Formulierungen ermöglichen eine effiziente Nutzung von KI-Tools. Spezifische Anweisungen, kontextuelle Einbettung und klar definierte Rollen- und Aufgabenstellungen verbessern die Interaktionsqualität und Output-Genauigkeit signifikant. Anhand verschiedener Ansätze und Techniken – von der Strukturierung und dem Kontext bis hin zur Verfeinerung durch spezifische

---

[1] Für den generellen Ideenaustausch und diesen spezifischen Hinweis gilt der Dank Sarah-Christin Siebert.

Aufforderungen (affordances) und der Berücksichtigung von Beschränkungen (delimiters) – können Prompts verbessert werden. Prompt Engineering ist Kernstück des Umgangs mit LLMs und befasst sich zwecks Steuerung mit der Einbettung der Aufgabenbeschreibung in den gegebenen Input.

2.2.1 Aufbau eines Prompts

Im Folgenden werden die Struktur und Bedeutung der einzelnen Elemente eines Prompts dargelegt. Die Elemente eines Prompts sind Rolle, Aufgabe, Kontext, Input und Output-Indikator.

Rolle
Eine Rolle oder eine Persona, die das LLM verkörpern soll, wird zugewiesen. Dies steigert die Antwortqualität durch spezifischere Ausrichtung des Modells und nimmt Einfluss auf Schreibstil, Formulierungen, Vokabular und Ausführlichkeit der Ausgabe (Kong et al. 2023).

Aufgabe
Die Aufgabe definiert die Anweisung, die von der KI bearbeitet werden soll, sie gibt vor, wie die folgenden Informationen zu verarbeiten sind und lenkt das Modell in Richtung der gewünschten Ausgabe.

Kontext
Der Kontext liefert zusätzliche Informationen, die das Modell nutzen kann, um eine angepasste und detaillierte Antwort zu generieren. Er ergänzt die Aufgabe, indem er die zu berücksichtigenden thematischen Schwerpunkte spezifiziert.

Input
Der Input umfasst die konkreten Informationen oder die spezifische Fragestellung, die das KI-Modell bearbeiten soll. Der Input konkretisiert also die jeweiligen Anforderungen, die das Modell in der generierten Antwort behandeln soll. Als Kern des Prompts formt es das Verständnis des Modells für die gestellte Aufgabe.

Output-Indikator
Durch den Output-Indikator werden das gewünschte Format und die geforderte Struktur deklariert. Hier werden Form und Umfang der Antwort angegeben.

Durch den Aufbau von Prompts basierend auf dem Element-Aufbau ist eine erhebliche Verbesserung des Aufgabenverständnisses und der Antwortqualität von LLMs zu beobachten. Durch genaue Übermittlungen der Intentionen durch die Nutzenden kann die Kommunikation mit KI-Modellen signifikant verbessert werden (Giray 2023).

Zur Veranschaulichung folgendes Beispiel für einen Prompt, wobei das jeweilige Stichwort nicht in den Prompt geschrieben wird, also „Rolle" wie im ersten Beispiel muss nicht vorweg im Prompt stehen:

> **Übersicht**
>
> - **Rolle:** *Du bist ein Experte im Themenbereich Drogen und Abhängigkeiten mit vielen Jahren Erfahrung im Schreiben und Strukturieren von wissenschaftlichen Aufsätzen.*
> - **Aufgabe:** *Strukturiere einen Aufsatz über die Rolle von Bildungsstand und sozialen Faktoren bei der Entwicklung von Drogenabhängigkeiten in Populationen unter und nahe der Armutsgrenze.*
> - **Kontext:** *Untersuche die Auswirkungen von Bildungsstand und sozialen Faktoren wie Armut, Arbeitslosigkeit, sozialer Isolation und Diskriminierung auf die Entstehung von Drogenabhängigkeiten.*
> - **Input:** *Diskutiere die Herausforderungen, die diese Bevölkerungsgruppen bei der Überwindung von Drogenabhängigkeiten haben, und untersuche die Rolle von Bildung und sozialen Faktoren bei der Prävention von Drogenabhängigkeit.*
> - **Output Indikator:** *Präsentiere deine Ergebnisse in einer durch Bullet Points dargestellten Struktur. Achte bei deiner Strukturierung auf eine proportionale Einteilung in Einleitung, Hauptteil und Schlussfolgerung. Der darauf basierende Aufsatz soll in etwa 1500 Worte erreichen.*

2.2.2 Formulierung von effektiven Prompts

Beim Prompt Engineering werden verschiedene Techniken und Prinzipien angewendet, um die Interaktion zu optimieren und die Qualität der generierten Antworten zu steigern.

Klare und konkrete Anweisungen

Prompts sind am effektivsten, wenn sie spezifische und eindeutige Anweisungen enthalten. Mehrdeutigkeiten und vage Formulierungen können zu irrelevanten oder ungenauen Antworten führen (Ekin 2023). So beinhaltet eine Aufforderung wie

Erzähle mir vom Sternenhimmel.

eine breite Interpretationsspanne. Im Gegensatz dazu liefert ein Prompt wie

Liste auf, welche Konstellationen man im Juni von der Nordhalbkugel aus sehen kann.

eine sehr präzise Fragestellung, auf die die KI mit spezifischen Informationen antworten kann.

Aufforderungen

Um die Aufgabenformulierung für LLMs effektiv zu gestalten, ist ein Verständnis für die zu benutzenden Verben und deren Bedeutung hilfreich. Spezifische Aufforderungen (affordances) wie „Interpretiere", „Erläutere", „Nenne", „Identifiziere" etc. können als sprachliches Werkzeug helfen, die Aufgabenstellung präzise zu definieren und somit das KI-Modell im Hinblick auf den gewünschten Output zu leiten. Die Verwendung von Befehlen, die näher an Programmiersprachen orientiert sind, zum Beispiel Platzhalter und Separatoren, können zu besseren Ergebnissen führen, ebenso wie besonders bei der Text-zu-Bild-Generierung die Wiederholung zentraler Begriffe (Zamfirescu-Pereira et al. 2023).

Beschränkungen

In manchen Fällen bietet es sich an, innerhalb des Prompts klare Grenzen für die Ausgabe, bezüglich Länge und Schreibstil zu setzen. Dies gibt einen Rahmen, innerhalb dessen das Modell operieren kann. Ein Beispiel wäre:

Fasse mir den Aufbau von roten Blutzellen in drei Sätzen zusammen. Beschreibe es und nutze Vokabular eines Grundschülers.

Ausführlichkeit

Auch die Angabe von gewünschter Länge und Detaillierung sowie die Fokussierung auf bestimmte Schwerpunkte setzen Rahmenbedingungen, um Antworten zu erhalten, die den Anforderungen entsprechen (Ekin 2023).

Ton und Vokabular
Die Festlegung des gewünschten Tons oder Stils der Antwort kann die Interaktion weiter verbessern. Die Spezifizierung, ob die Antwort beispielsweise in einem formalen, legeren oder humorvollen Ton erstellt werden soll, ermöglicht der KI, den Text entsprechend den Wünschen der Nutzenden zu verfassen. Zudem hilft es, explizit zu sein und die Nutzung des für den betreffenden Themenbereich relevanten Vokabulars einzufordern. Dadurch verteilt man genauere Rahmenparameter und erhöht die Antwortqualität (Korzyński et al. 2023).

Keine Scheu vor längeren Prompts
Große Sprachmodelle sind in der Lage, auch komplexe und umfangreiche Prompts zu verstehen und zu verarbeiten. Je mehr für die Aufgabe relevante Informationen in einem Prompt geliefert werden, desto relevanter und passender wird die Antwort sein.

2.2.3 Kontext als Teil von Prompts

Kontext ist einer der wichtigsten Parameter im Prompt Engineering. Die Effektivität von KI-Interaktionen hängt maßgeblich von der Fähigkeit der Nutzenden ab, klar und spezifisch Anfragen zu stellen. Ein ausreichender Kontext verbessert nicht nur die Relevanz der Antworten, sondern ermöglicht der KI auch, sich besser in die Thematik einzufinden. Es ist dabei wichtig, dass alle bereitgestellten Kontextinformationen direkt relevant für die gestellte Aufgabe sind. Überflüssige Details, die nicht unmittelbar für die Aufgabe relevant sind, können stören und die Qualität der Antwort mindern (Ekin 2023). Eine strikte Rahmenvorgabe durch Aufgabe und Kontext helfen der KI generell. Wenn der gewünschte Output jedoch nicht erzielt wird, kann eine weitgefasstere Aufgabenstellung in manchen Fällen dem Modell mehr Freiheit geben, um zufriedenstellende Ergebnisse zu liefern. Chat-Modelle, die einen Konversationsfluss erlauben, profitieren innerhalb eines Chats durch den Input von Kontext durch mehrere Prompts.

2.2.4 Techniken im Prompt Engineering

Im Prompt Engineering existieren vielfältige Techniken, um mit KI-Modellen optimal zu interagieren. Es wird zwischen instruktiven Prompts, Frage-Antwort-Prompts sowie Kontext- und gemischten Prompts unterschieden bis hin zum iterativen Verbessern (Giray 2023; Ekin 2023). Jede Technik zielt darauf ab, die Reaktionen der KI präziser zu gestalten und die Qualität der generierten Antworten zu verbessern.

Instruktive Prompts dienen dazu, die KI auf eine spezifische Aufgabe auszurichten (Giray 2023). Zum Beispiel ermöglicht der Prompt

Identifiziere die Chancen und Risiken verschiedener LLMs in der Nutzung zum Schreiben wissenschaftlicher Arbeiten.

eine fokussierte Auseinandersetzung mit dem Thema.

Frage-Antwort-Prompts helfen, Antworten um bestimmte Schwerpunkte zu strukturieren (Giray 2023):

Was sind die wichtigsten Herausforderungen bei der Verwendung von LLMs in der Nutzung zum Schreiben wissenschaftlicher Arbeiten.

Kontextprompts liefern zusätzlichen Kontext, um die Antworten der KI zu verfeinern und die Themenstruktur vorzugeben (Giray 2023), beispielsweise durch:

Analysiere unter Berücksichtigung der aktuellen Entwicklungen in der Large Language Modellentwicklung die Vergabe des Urheberrechts für von KI geschriebenen Texten.

Gemischte Prompts kombinieren Elemente der oben genannten Typen, um den Schreibprozess umfassend zu lenken und spezifische Ergebnisse zu erzielen (Giray 2023):

Erörtere anhand der gegebenen Daten „[Inhalt]" aus folgender Quelle „[Angabe der Quelle]" über das Verwenden von KI beim Schreiben wissenschaftlicher Arbeiten, die Anwendung von LLMs bei Hausarbeiten, diskutiere die Herausforderungen, die sich bei der Erzielung qualitativ hochwertiger Ergebnisse stellen. Welche Techniken gibt es zur Verbesserung der Ergebnisqualität?

Iteratives Verbessern bedeutet, dass der Prompt schrittweise optimiert wird. Es handelt sich um einen Prozess, bei dem Prompts basierend auf den Antworten des KI-Modells kontinuierlich angepasst werden, um die Genauigkeit zu erhöhen und präzisere Antworten zu erhalten. Initial wird ein Prompt verfasst und an das LLM gesendet, das daraufhin eine Antwort generiert. Diese Antwort wird anschließend überprüft und bei Bedarf wird der Original-Prompt durch teilweise oder ganze Umwandlung verändert, um die gewünschte Antwort zu erzielen (Ekin 2023).

Diese Techniken bieten einen strukturierten Ansatz für Prompt Engineering. Mit wiederholter Anwendung steigt das Verständnis für die Beziehung zwischen Ausgabe und verwendeten Prompt-Techniken.

2.2.5 Interaktion beim Prompten

Bei der Interaktion mit LLMs ist eine durchdachte Vorgehensweise im Prompt Engineering unerlässlich. Ein wichtiger Aspekt dabei ist die Nutzung des bereits erwähnten iterativen Verbesserungsprozesses, in dem mehrere Frage-Antwort-Zyklen durchlaufen werden. Für jedes spezifische Thema bietet es sich an, eine separate Unterhaltung mit dem LLM zu führen, da sich die Antworten nicht nur auf den unmittelbar vorangegangenen Prompt, sondern auf den gesamten Unterhaltungsverlauf beziehen.

Eine der bekanntesten Interaktionsarten ist das **Zero Shot Prompting**. Dabei geht es um das Einbauen von klaren Anweisungen und Aufgaben in den Prompt (Kojima et al. 2022).

Few Shot Prompting hingegen beschreibt das Trainieren eines Modells, indem in separaten Prompts mehrere Beispiele dafür gegeben werden, was als Ausgabe erwartet wird, ohne eine sehr spezifische Aufgabenstellung. Dies erleichtert dem LLM, die Aufgabenstellung zu verstehen und entsprechend zu antworten. Ein Beispiel hierfür könnte lauten:

> **Übersicht**
>
> Beispiel: *Die Katzen griffen sich mit ihren Krallen an.*
> Gefühl: Negativ
> Beispiel: *Die Pferde lieferten sich ein freundschaftliches Wettrennen.*
> Gefühl: Positiv
> Klassifiziere das Gefühl der folgenden Aussage: *Die Hunde bellten sich spielend an.*

Dadurch erhält das LLM einen klaren Kontext und Hinweise darauf, wie eine Antwort formuliert sein sollte (Gao 2023).

Der **Chain-of-Thought**-Ansatz ermutigt das LLM, Schritt für Schritt vorzugehen und diese Schritte in seiner Antwort darzulegen. Dies ist besonders bei komplexen Fragen hilfreich, bei denen das direkte Springen zu einer Lösung zu

Fehlern führen könnte. Durch das methodische Abarbeiten der Aufgabe und die Bezugnahme auf vorherige Ergebnisse kann ein besseres Resultat erzielt werden. Dieser Ansatz erhöht die Nachvollziehbarkeit und ermöglicht es, mögliche Fehlerquellen zu identifizieren und zu korrigieren. Chain of Thought, in der Literatur als „CoT" bezeichnet, findet vor allem in textbasierten, mathematischen Aufgaben Anwendung (Wei et al. 2022).

Da beim Prompt Engineering die Grenzen zwischen Aufgabenstellung, Kontext, Input und Struktur verschwimmen, kann es für LMMs zu Schwierigkeiten bei der Trennung der Aufgabe und des zu behandelnden Inputs kommen. Um dies zu verhindern, bietet sich die Trennung von Input und Aufgabe durch doppelte Anführungszeichen oder andere Auszeichnungen (separators) an (Velásquez-Henao et al. 2023). So könnte man Folgendes schreiben:

Bitte fasse folgenden Text zusammen: „[Input]" *und hebe die Schwerpunkte hervor.*

Wenn auch simpel, ist es eine sehr effektive Unterstützung für die KI.

Diese Techniken im Prompt Engineering verbessern die Qualität und Genauigkeit der Antworten von LLMs, optimieren die Interaktion und erlauben, das gesamte Spektrum an Möglichkeiten von KI-Modellen auszuschöpfen. So sind zum Beispiel Anweisungen möglich wie „Take a deep breath" (Yang et al. 2023) zum schrittweisen Abarbeiten und „Take a step back" (Zheng et al. 2023) zur Abstraktion, um die Herangehensweise von KI-Modellen an ihren Schaffensprozess zu verändern. Weitergehend sind sowohl **Artifical Prompt Engineering** (APE) (Zhou et al. 2022) als auch die Beeinflussung von Ausgaben durch emotionale Stimuli (Li et al. 2023) neuere Bereiche, die untersucht und getestet werden. Insgesamt ist zu empfehlen, sich möglichst gut über die laufenden Entwicklungen zu informieren, denn stetig werden weitere Methoden zur Verbesserung von Prompts entdeckt und entwickelt.

2.2.6 Typische Fehler im Prompt Engineering

Im Umgang mit KI-Modellen und bei der Formulierung von Prompts treten Herausforderungen auf, die die effektive Nutzung beeinträchtigen können. Diese Herausforderungen umfassen Mehrdeutigkeit in der Anweisung, Verzerrungen durch systematische Vorurteile, die schwierige Balance zwischen Spezifität und

Generalität, das Fehlen von ausreichendem Kontext und ungewollte Nebeneffekte (Giray 2023). Ein Bewusstsein für diese Fehler ist notwendig für gutes und zielgesteuertes Prompting.

Mehrdeutigkeit wird deutlich in Vorgaben wie

Welchen Einfluss hat Technik auf Bildung?,

wo der Bedarf an spezifischerer Einleitung offensichtlich ist. Ein besser formuliertes Beispiel wäre:

Prüfe die Auswirkungen von digitalem Unterricht auf den Lernprozess in Grundschulen, seine Vorteile als auch Nachteile anhand von Studien über die Anwendung von diesem in den Jahren 2017 bis 2020.

Verzerrungen durch systematische Vorurteile können in Prompts aufkommen, die unausgewogene Annahmen enthalten wie

Erkläre, warum Männer besser als Frauen für Führungspositionen geeignet sind.

Eine inklusive Neuformulierung könnte lauten:

Untersuche die Faktoren, die zur Ungleichverteilung der Führungspositionen zwischen den Geschlechtern führen. Beachte soziale und organisationsspezifische Barrieren und schlage Strategien zur Förderung der Gleichverteilung zwischen den Geschlechtern vor.

Die **Balance zwischen Spezifität und Generalität** sowie das **Fehlen von ausreichendem Kontext** sind durch Beispiele wie

Was ist die beste Lösung für Drogenprobleme in der Gesellschaft?

hervorgehoben, wobei ein präziser formulierter Prompt lauten könnte:

Schlage effektive Strategien zur Bekämpfung von Drogenproblemen in niederen Einkommensschichten in Berlin vor. Berücksichtige dabei die Auswirkungen von Bildung, Sozialhilfeprogrammen und wirtschaftliche Entwicklungen.

Ungewollte Nebeneffekte entstehen, wenn Prompts nicht kohärent formuliert sind, zum Beispiel durch sich widersprechende Anweisungen innerhalb eines Prompts. Es ist ratsam, Prompts klar und zielorientiert zu gestalten.

Zusammenfassend ist im Umgang mit KI-Modellen und der Formulierung von Prompts ein vertieftes Verständnis der verschiedenen Herausforderungen sehr vorteilhaft. Durch bewusstes und zielgerichtetes Prompting, das sich an präzisen und inklusiven Formulierungen orientiert, lässt sich die Leistung von LLMs signifikant verbessern und deren Potenzial in der Erzeugung hilfreicher und genauer Antworten voll ausschöpfen. Während hier nicht alle potenziellen Fehler behandelt wurden, trägt eine Vermeidung der vorstehend genannten Aspekte stark zu besseren Ergebnissen bei. Die Formulierung guter Prompts ist eine Kompetenz, die erlernt und geschult werden muss.

> **Fragen**
>
> *Überlege Dir ein Thema, mit welchem Du Dich gut auskennst (z. B. auch private Interessen), erstelle dazu Prompts und befrage Dein gewähltes Tool dazu! Überprüfe die Plausibilität und Richtigkeit des Outputs.*
>
> *Überlege, wie Du die Prompts ändern oder verbessern kannst und prüfe, ob dadurch die Ergebnisse besser werden!*
>
> *Probiere denselben Prompt mit einem anderen Tool aus!*
>
> *Überlege Dir Möglichkeiten, wie Du die Qualität von KI-Tools überprüfen kannst, wenn Du Dich mit einem Thema nicht gut auskennst!*

2.3 Vermeidung von KI-spezifischen Problemen

Die wirksame Nutzung von KI im Allgemeinen sowie für Hausarbeiten erfordert das Verständnis und die bewusste Vermeidung von spezifischen Problemen, die sich aus der Anwendung von KI ergeben können. Zentrale Herausforderungen im Rahmen der KI-Nutzung sind Hallucinations, Temperature-Steuerung und systematische Vorurteile und Annahmen, basierend auf den Trainingsdaten, Bias genannt. Es gibt jeweils Möglichkeiten, das Auftreten und die Effekte dieser drei KI-Probleme zu minimieren.

2.3.1 Vermeidung von Hallucinations

Eines der bekanntesten Probleme von Generativen LLMs sind die „Hallucinations" (Dziri et al. 2022). Insbesondere im Kontext wissenschaftlichen Arbeitens und Schreibens sollten minderwertige und falsche Informationen vermieden werden.

Der Begriff Hallucination bezieht sich auf ungenaue oder falsche Informationseinheiten, die die KI als Fakten präsentiert (Tian et al. 2019; Ji et al. 2023). Diese sind, wie in Abschn. 2.1.1 bereits erwähnt, häufig schwer zu erkennen, weil sie plausibel und nachvollziehbar erscheinen. Solche Hallucinations können zum Beispiel auftreten, wenn das KI-Modell auf eine Frage mit offener Antwortmöglichkeit stößt und somit nach dem Wahrscheinlichkeitsprinzip eine Antwort formuliert, die nicht verifiziert ist. Beim Versuch, KI zur Generierung von Hausarbeiten zu verwenden, beeinträchtigen diese Hallucinations das Endergebnis erheblich. Daher ist es wichtig, Methoden zur Vermeidung – oder zumindest zur Minimierung – von Hallucinations zu kennen und anzuwenden.

Hallucinations lassen sich anhand des erdachten und zum Testen von Generativer KI häufig verwendeten Beispiels „König Renoit" anschaulich vermitteln (Alston 2023).

> **Übersicht**
>
> Ein LLM erhält die offene Informationsnachfrage zu einer fiktiven Figur namens „König Renoit": *War King Renoit real?*
> Die KI könnte diese Frage beantworten wie folgt:
> *King Renoit ist keine reale historische Figur. Er ist ein fiktiver Charakter aus dem französischen Epos „La Chanson de Roland" (dt. Rolandslied), geschrieben im 11. Jahrhundert.*
> Während der erste Satz der Antwort richtig ist, ist der zweite Satz vollkommen erfunden und entspricht nicht der Wahrheit. King Renoit wurde im Rolandslied nie erwähnt. King Renoit ist eine frei erfundene Figur und wird in keinem geschichtlichen Werk erwähnt.
> Nun ist die gelieferte Antwort überprüfbar, indem die möglichen Antworten eingeschränkt werden.
> So lautet die nächste Frage: *Wird King Renoit im Rolandslied erwähnt, ja oder nein?* Auf diese Weise verringert sich die Wahrscheinlichkeit für eine Hallucination, da die KI weniger Freiheiten für ihre Antwort hat. Antwort: *Nein. King Renoit wird im Rolandslied nicht erwähnt.*

> Die Hallucination kommt in diesem Fall zustande, da die Anfrage offen formuliert war und somit Freiheit gegeben ist, eine lückenhafte oder sogar völlig irreführende Antwort zu produzieren.
> Eine Möglichkeit, diese Hallucination einzuschränken, wäre zum Beispiel das bereits erklärte Zuweisen einer Rolle:
> Frage: *Du bist Historiker mit Schwerpunkt Europa. Hat jemand namens King Renoit jemals existiert?*
> Antwort: *Es gibt keine historischen Aufzeichnungen, dass ein King Renoit in Europa jemals existierte.*

Zur Vermeidung von Hallucinations ist es notwendig, zu verstehen, was sie verursacht. Für das Entstehen von Hallucinations gibt es verschiedene Gründe. Ein häufig auftretender Fall ist der Zugang zu unzureichenden, veralteten oder minderwertigen Trainingsdaten (Bang et al. 2023). Wenn das KI-Werkzeug den Prompt nicht versteht oder nicht über ausreichende Informationen verfügt, verlässt es sich auf den begrenzten Datensatz, auf dem es trainiert wurde, um eine Antwort zu generieren – auch, wenn diese Antwort tatsächlich schlichtweg falsch ist. Außerdem können die Verwendung ungewöhnlicher Redewendungen oder Slang-Ausdrücke in Prompts zu absurden Ausgaben führen. Eingaben, die absichtlich mit dem Ziel gestellt werden, widersprüchliche oder falsche Antworten zu erlangen, nennt man „Adversarial Attacks". Diese werden genutzt, um die Fähigkeiten von LLMs zu testen (Park et al. 2024).

Die bereits erklärten Zuweisungen von Rollen oder geschickte Formulierungen (siehe Abschn. 2.1) schränken die Interpretationsfreiheit der KI ein. Ein weiterer Ansatz besteht darin, der KI zu befehlen anzugeben, wenn die Antwort nicht bekannt ist, anstatt eine zu erfinden (Bucher et al. 2024). Ein entsprechender Prompt sähe wie folgt aus:

> [Frage] *Wenn Du das nicht weißt oder noch nie davon gehört hast, sag' „Ich weiß es nicht".*

Solch eine Anweisung kann dabei helfen, das Resultat einzugrenzen und die Wahrscheinlichkeit von Hallucinations zu mindern. Sie lenkt die KI dahin, wahrscheinlichere oder kontextspezifische Berechnungen anzustellen, anstatt Neues zu generieren, um eine Lücke zu füllen.

Zusätzlich kann die Einbettung von relevanten Informationen in die Eingabeaufforderungen und die explizite Angabe von erwünschten oder unerwünschten

Reaktionen dazu beitragen, Hallucinations zu vermeiden. Die Temperature-Regelung kann ebenfalls einen signifikanten Einfluss auf die Zufälligkeit der Antworten und die Wahrscheinlichkeit von Hallucinations haben (Gunjal et al. 2023). Allerdings sind diese Methoden nicht vollständig in der Lage, Hallucinations zu verhindern und eine gründliche Überprüfung der KI-Ergebnisse bleibt von entscheidender Bedeutung, um wissenschaftliche Standards einzuhalten.

2.3.2 Einfluss der Temperature-Einstellung auf Aussagen der KI

Die Implementierung verschiedener Parameter beeinflussen den Grad an Kreativität und Unvorhersehbarkeit des generierten Textes. Ein solcher Parameter ist der sogenannte „Temperature-Wert".

Die Temperature ist ein grundlegendes Kontrollinstrument innerhalb der KI-Steuerung, das in KI-Algorithmen zum Einsatz kommt, um den Grad der Zufälligkeit im Generierungsprozess zu steuern. Ein höherer Temperature-Wert steigert dabei den Grad der Zufälligkeit, während ein niedriger Wert zu weniger Zufälligkeiten und somit zu vorhersehbaren Ergebnissen führt (Kusunose et al. 2023). Der Temperature-Parameter in KI reicht zumeist von 0 bis 1. Höhere Werte wie 0,8 machen die Ausgabe zufälliger und diverser, während niedrigere Werte wie 0,2 sie gezielter und deterministischer machen (Lo 2023). Mit der Temperature kann also der Zufälligkeitsgrad der Ausgabe gesteuert werden (Gilardi et al. 2023; Renze und Guven 2024).

Um die Auswirkungen der Temperature-Parameter zu untersuchen, wurden in einer Studie vier Datensätze eingepflegt, darunter Tweets und Artikel in ChatGPT mit folgendem Prompt: *Hier ist der Tweet, den ich ausgewählt habe, bitte kategorisieren Sie ihn als* [aufgabenspezifische Anweisung (z. B. ‚eines der Themen in der Anweisung')]. Die Anweisungen reichen dabei unter anderem vom Erkennen der Relevanz für ein Thema über das Erkennen des Themas bis hin zum Erkennen der ausgedrückten Haltung zu einem Thema. Dabei wurde entweder mit dem Temperaturparameter 1 oder 0,2 gearbeitet. Für jeden Prompt wurden zwei Antworten von ChatGPT gesammelt, um die Übereinstimmung zu berechnen. Die Ergebnisse deuten darauf hin, dass ein niedrigerer Temperature-Wert die Konsistenz der gegebenen Antworten zu erhöhen scheint und die Antworten vorhersehbarer werden (Gilardia et al. 2023; Renze und Guven 2024).

Hohe Temperature-Einstellungen liefern weniger zuverlässige Ergebnisse und erhöhen die Wahrscheinlichkeit, dass Hallucinations eintreten. Es sollten also mehrere Outputs erzeugt werden, um die Ergebnisse abgleichen zu können (Reiss

2023; Renze und Guven 2024). Mit steigender Temperature verschiebt sich die Gewichtung zwischen Kohärenz und „Kreativität". Temperature ist jedoch nicht pur als Parameter zu verstehen, mit dem sich die Kreativität von Modellen beeinflussen lässt, da vielmehr die Wahrscheinlichkeit von aufeinander folgenden Textbauteilen beeinflusst wird (Peeperkorn et al. 2024). Aufgrunddessen sollten hohe Temperature-Einstellungen im Kontext wissenschaftlichen Arbeitens vermieden werden.

Da die Konsistenz der Antworten nicht notwendigerweise auf deren Validität schlussfolgern lässt, ist es möglich, dass in manchen Kontexten hohe Temperature-Einstellungen vorzuziehen sind (Reiss 2023). Grundsätzlich werden bei einer Temperature von 0,1 vorhersehbare, konservative Texte produziert, bei 0,9 kann das Ergebnis sogar unverständlich sein. Meist wird deshalb mit der Temperatureinstellung 0,8 gearbeitet (Wolfram 2023).

In der Praxis zeigt sich, dass manche Modelle den Nutzenden nicht direkt ermöglichen, diesen Parameter anzupassen. In den Fällen, in denen eine direkte Einstellung der Temperature nicht vorgesehen ist, lässt sich der Effekt der Temperature oft indirekt über die Formulierung der Eingabeaufforderung steuern. Dies erfordert von den Nutzenden das Experimentieren mit verschiedenen Einstellungen, um den Einfluss der Temperature auf die erzeugten Texte zu beurteilen.

Zusammenfassend erweist sich der Temperature-Parameter als ein primäres Werkzeug zur Steuerung der Originalität, Neuheit und Zufälligkeit der von KI generierten Antworten. Es obliegt dabei den Studierenden, diesen Parameter je nach Intention einzusetzen, um entweder neuartige oder sachliche Textausgaben zu generieren. Für die Nutzung von KI für Hausarbeiten ist es daher bedeutsam, den Temperature-Parameter entsprechend des Untersuchungsziels bzw. des Vorhabens einzusetzen.

2.3.3 Bias-Verzerrungen und Strategien zu ihrer Vermeidung

Eine weitere Kernproblematik besteht in potenziellen Verzerrungen (Bias) durch systematische Vorurteile und Annahmen in den Algorithmen und Modellen. Um die Qualität der KI-basierten Hausarbeit zu gewährleisten, gilt es, diese Bias zu minimieren und geeignete KI auszuwählen.

Ein großer Anteil dieser Bias-Verzerrungen wird durch menschliche Eingaben und Entscheidungen verursacht. Ein bewusster oder unbewusster Bias der Entwickler*innen kann sich in die Algorithmen einschleichen, die sie erstellen.

Voreingenommene Trainingsdatensätze können zu voreingenommenen Ergebnissen führen, was zu diskriminierenden Ergebnissen oder Ausschlüssen führen kann. Die Folgen sind letztlich Mangel an Diversität und Perspektivenvielfalt in wissenschaftlichen Inhalten, was die Ergebnisse einschränkt (Navigli et al. 2023; Gallegos et al. 2023).

Die Entwicklung und Nutzung von diversifizierten und repräsentativen Datensätzen, die verschiedene Perspektiven und demografische Merkmale widerspiegeln, gewinnt mit weiteren Möglichkeiten, Bias zu reduzieren, wie manuelle Bearbeitung bereits bestehender Datensätze, an Bedeutung (Navigli et al. 2023).

Je nach Möglichkeit sollten auch Studierende aktiv bestrebt sein, Trainingsdaten aus verschiedenen Quellen zu sammeln und sicherzustellen, dass diese Daten unterschiedliche Perspektiven und demografische Merkmale widerspiegeln. Des Weiteren ist die Identifizierung und Korrektur von Verzerrungen in KI-Modellen („Debiasing") eine für die Verbesserung der KI-Modelle relevante Aufgabe.

Ganz praktisch kann dies bedeuten, selber verschiedene Texte mit unterschiedlichen Ansichten und Positionen zu lesen und diese in die Hausarbeit – mithilfe von KI – einzuarbeiten oder die KI in Dialogform zu benutzen, um Aussagen kritisch herauszufordern.

Somit erfordert die effektive Implementierung von KI im wissenschaftlichen Kontext nicht nur technische Kompetenz, sondern auch eine umfassende Auseinandersetzung mit den ethischen Implikationen der Technologie. Eine sorgfältige Auswahl und der bewusste Umgang mit KI kann dabei helfen, mögliche Bias zu vermindern, die Qualität der Arbeit zu verbessern und die Vorteile von KI in der Wissenschaft optimal zu nutzen.

2.3.4 Weitere Probleme und Grenzen der KI-Anwendungen

Daneben gibt es weitere Probleme und Grenzen, die sich im Umgang mit KI-Tools ergeben können. Es sei nochmals darauf verwiesen, dass KI sich nicht eignet, um auf Fakten gestützte Hausarbeiten zu generieren. KI kann helfen, aus den eigenen gewonnenen Erkenntnissen Texte zu erstellen. Dabei sind den Modellen auch am anderen Ende des Spektrums der Kreativität und Originalität Grenzen gesetzt: Die Angewiesenheit von LLMs auf klare Rahmenparameter zeigt zudem, dass sie komplexe Kreativität und Originalität, wie sie Menschen eigen ist, nicht in vollem Umfang erfassen können. So können sie zwar Gedichte schreiben, aber nicht den kreativen Aspekt eines Werkes in für sie nutzbare Parameter umwandeln (Lin 2023).

Ebenfalls bestehen Schwierigkeiten beim Verständnis bestimmter Abkürzungen und Akronyme (San-Segundo et al. 2012). Das Bereitstellen von thematischem Kontext und von Referenzpunkten innerhalb der Prompts kann die Effizienz und Genauigkeit von Antworten verbessern und die Grenzen der Technologie teilweise überwinden. Ist das Verwenden von Abkürzungen und Akronymen für die Interaktion notwendig oder erwünscht, besteht für manche LLMs die Möglichkeit, Begriffe innerhalb der Konversation zu erklären und beizubehalten.

Alle in diesem Kapitel genannten Erkenntnisse unterstreichen die Notwendigkeit eines kritischen Umgangs mit LLMs im akademischen Kontext, die inhärenten Beschränkungen der Technologie zu berücksichtigen. Dies beginnt bei der Frage nach den verwendeten Trainingsdaten – die Studierende durch Eingabe eigener Erkenntnisse erweitern können, und setzt sich fort mit der Bereitstellung präziser, kontextreicher Informationen in den Prompts und schließlich der Überprüfung der Antworten auf ihre Richtigkeit, um falsche Informationen und Aussagen entsprechend zu korrigieren (Lin 2023). Bei der Auswahl geeigneter KI-Systeme sollten daher neben Kosteneffizienz auch Kriterien wie Genauigkeit der generierten Inhalte, Reaktionsfähigkeit des Systems und ein breites Spektrum an Funktionen berücksichtigt werden, um akademischen Standards gerecht zu werden.

Fragen

Formuliere Prompts, die

a) *zu Hallucinations führen,*
b) *mit unterschiedlichen Temperatures arbeiten,*
c) *Vorurteile bzw. Diskriminierungen provozieren!*

Checkliste: Nachfragen oder einfach machen?

3

Friedrich Figge und Kirsten Darby

Der folgende Überblick kann nur Einschätzungen dazu abgeben, ob die Verwendung von KI seitens der Hochschule erlaubt sein könnte.

- „Ja" markiert die Aspekte, bei denen es bereits vor der Entwicklung von KI-Tools erlaubt war, technische oder menschliche Hilfe zu verwenden.
- „Nach Absprache eventuell möglich" wird je nach Fach und Prüfenden verschieden sein. Es muss von Fall zu Fall vereinbart werden, was unter dem einzelnen Arbeitsschritt verstanden wird, sowie wie und in welchem Umfang KI dabei genutzt werden darf.
- Wer nicht darüber mit Prüfenden ins Gespräch kommen will, unterlässt sicherheitshalber in diesen Bereichen die Verwendung von KI.

Nachdem Absprachen zur Verwendung getroffen wurden, sind die Einzelheiten zu den KI-Tools und Prompts bei den entsprechenden Arbeitsschritten zu dokumentieren, nicht nur, wenn die Herkunft eines Textes belegt werden muss, sondern auch überall dort, wo die KI als Unterstützung in anderen Bereichen

F. Figge
Leipzig, Deutschland

K. Darby (✉)
Hannover, Deutschland
E-Mail: kirsten.darby@posteo.de

angegeben werden muss. Dies sollten Prüfungsordnungen, Handreichungen der jeweiligen Hochschule und Absprachen mit Prüfenden vorab regeln. Eine sofortige Dokumentation zeitgleich mit jedem Arbeitsschritt erspart im Nachgang, die Angaben mühsam nachvollziehen zu müssen, die nur rekonstruierbar sind, wenn die Prompts von den KI-Tools (lange genug) gespeichert werden.

Checkliste: Nachfragen oder einfach machen?

Arbeitsschritt	KI erlaubt?	Kapitel
Vorbereitungen	**ja**	**1**
Grundlagen zur Hausarbeit	ja	1.3
Zeitmanagement	ja	1.3
Konzeption	**teils/teils**	**3.1**
Themensichtung	ja	3.1.1
Themeneingrenzung	nach Absprache evtl. möglich	3.1.1
Fragen entwickeln	nach Absprache evtl. möglich	3.1.1
Erste Literaturübersicht	ja	3.1.1
Hypothesen formulieren	nach Absprache evtl. möglich	3.1.2
Gliederung	nach Absprache evtl. möglich	3.1.3
Arbeit mit Literatur	**teils/teils**	**3.2**
Literatur finden und sichten	ja	3.2.1
Literatur auswählen und priorisieren	ja	3.2.2
Exzerpieren	nach Absprache evtl. möglich	3.2.3
Zitieren	nach Absprache evtl. möglich	3.2.3
Textgestaltung und Schreibstil	**teils/teils**	**3.3**
Formulierung (erster Entwurf)	nach Absprache evtl. möglich	3.3.2
Textgestaltung (Einleitungen, Zusammenfassungen)	nach Absprache evtl. möglich	3.3.2
Formulierung (Bearbeitung)	nach Absprache evtl. möglich	3.3.3
Korrektur (Rechtschreibung, Grammatik)	ja	3.3.3
Korrektur (Stil)	nach Absprache evtl. möglich	3.3.3

3 Checkliste: Nachfragen oder einfach machen?

> **Fragen**
>
> *Wobei siehst Du bisher bzw. jetzt beim ersten Mal Probleme, die bei der Erstellung der Hausarbeit eintreten könnten? Wobei brauchst bzw. wünschst Du Dir Hilfe und Unterstützung?*
>
> *Wenn Du zurzeit keine Hausarbeit zu erstellen hast, aber bereits zuvor eine geschrieben hast, versuche dasselbe Thema erneut zu bearbeiten, nur diesmal unter Zuhilfenahme von KI!*
>
> *Wie löst Du die einzelnen Aufgaben bislang? Was fällt Dir bislang daran schwer? Wie könnte es mit KI gehen?*
>
> *Probiere die Prompts in den folgenden Unterkapiteln für Dein Fach/Dein Thema/ Deine Hausarbeit aus!*

Die Arbeitsphasen der Hausarbeit mit KI

4

Friedrich Figge und Kirsten Darby

4.1 Themenfindung, Hypothesenformulierung, Gliederung – mit KI den Einstieg finden

Die Themenfindung, die Formulierung von Hypothesen und die Gliederung markieren den grundlegenden Einstiegspunkt in die wissenschaftliche Arbeit. Sie bilden das Fundament, auf dem der gesamte Untersuchungsprozess aufbaut. Es empfiehlt sich, dabei schrittweise und umsichtig vorzugehen. KI kann in diesen Prozess eingebunden werden und dabei eine Rolle spielen.

Um effektiv mit LLMs arbeiten zu können, empfiehlt es sich, die Ausführungen in Abschn. 2.1 und 2.2 zu berücksichtigen.

4.1.1 Ein Thema wählen

Die erste Herausforderung beim Schreiben einer Hausarbeit ist die Themenfindung. Ein relevantes Thema zu finden, bildet den Grundstein für jegliche wissenschaftliche Arbeit. Angesichts seiner Bedeutung sollte dieser Schritt deshalb mit Bedacht und Systematik angegangen werden.

In einem mehrstufigen, sich eventuell wiederholenden Prozess wird ein relevantes Thema gesucht, an dem auch ein persönliches Interesse bestehen sollte, da

---

F. Figge
Leipzig, Deutschland

K. Darby (✉)
Hannover, Deutschland
E-Mail: kirsten.darby@posteo.de

© Der/die Autor(en), exklusiv lizenziert an Springer Fachmedien Wiesbaden GmbH, ein Teil von Springer Nature 2025
F. Figge und K. Darby, *Studentische Hausarbeiten mit KI meistern*,
https://doi.org/10.1007/978-3-658-48947-2_4

dies einen maßgeblichen positiven Einfluss auf die Motivation während der Bearbeitungszeit hat. Trotzdem muss auch eine gewisse Distanz zum Thema bestehen, um eine vorurteilsfreie Bearbeitung zu gewährleisten (Kollmann et al. 2016).

Die Themenfindung unterteilt sich in folgende Stufen (Kollmann et al. 2016; Khalif 2023):

- Themensichtung: Möglichst viele interessante Aspekte eines Themas bzw. Themengebietes beleuchten.
- Themeneingrenzung: Nachdem eine Auswahl an möglichen Themen getroffen wurde, gilt es, diese Themen auf zentrale Punkte einzugrenzen, sodass der Rahmen des Themas nicht zu weit gefasst ist.
- Fragestellung/Zielsetzung:
  - Welche Ziele möchte ich mit der Arbeit erreichen?
  - Welche wissenschaftliche Frage soll beantwortet werden?
  - Wie lautet die Untersuchungsfrage, die in dieser Arbeit behandelt wird, das heißt, welches Problem wird gelöst?
- Erstellung erster Literaturübersicht: Abschätzung, ob genügend Quellenmaterial zum Thema vorhanden ist. Ist dies nicht der Fall, springt man auf eine der vorherigen Stufen zurück.

Auch bei den genannten Punkten der Themensichtung, -eingrenzung und Fragestellung muss jeweils geprüft werden, ob sich das Thema für eine Hausarbeit eignet, ob es ausreichend eingegrenzt oder umgekehrt ausreichend ergänzt werden kann für den angestrebten Umfang und schließlich, ob die Fragestellung wissenschaftlich bearbeitet werden kann.

> Bevor für die Suche KI verwendet wird, ist zu bedenken, dass diese nur Ideen geben und zu Themen anregen kann. Die Ergebnisse können keinesfalls wie Fakten behandelt werden, sondern repräsentieren gemäß der Modellierung nur Wahrscheinlichkeiten von Begriffen, die zusammen in einem Text vorkommen. In diesem Stadium ist aber besonders für jede Person, die erst beginnt, sich mit einem Thema auseinanderzusetzen, eben dieser Unterschied nicht zu erkennen. Besonders Fachtermini und Definitionen geben dem Output einen wissenschaftlichen Charakter, es ist aber noch weit entfernt davon, faktenbasiert und stichhaltig zu sein, vor allem, da nicht nachvollzogen werden kann, woher die Informationen stammen.

4 Die Arbeitsphasen der Hausarbeit mit KI

Ebenfalls ist zu beobachten, dass bei den Prompts die Angabe des Kontexts mit den Formulierungen „wissenschaftliche Arbeit", „Hausarbeit" oder „Abschlussarbeit" bereits zu verschiedenen Ergebnissen führen kann.

Bei der Themensichtung kann ChatGPT neben den üblichen Inspirationsquellen, wie Branchenzeitschriften, Webseiten, Blogs, wissenschaftlichen Zeitschriften, Studien und Brainstorming (Kollmann et al. 2016) Impulse geben. Ein möglicher Prompt könnte so aussehen:

Welche Themen im Bereich Medienwissenschaften sind spannend und werden aktuell diskutiert?

Der Vorteil liegt hier in der Geschwindigkeit und der Breite des Antwortspektrums, jedoch sollte kritisch geprüft werden, ob die generierten Ideen und Informationen auch wirklich zutreffen und für weiterführende Recherchen geeignet sind.

Eine weitere Vertiefung ist zum Beispiel möglich durch:

Erstelle mir eine Übersicht der relevanten Themen der Medienwissenschaften, über die eine wissenschaftliche Hausarbeit an einer Hochschule geschrieben werden kann.

ChatGPT schlägt daraufhin mehrere Oberthemen vor, gibt Anhaltspunkte für mögliche Vertiefungen und weist darauf hin, dass jedes Thema eine weitere Eingrenzung benötigt, um bearbeitet zu werden. Dies kann nicht nur eine zeitsparende, sondern auch eine anregende Methode sein, um sich dem eigenen Untersuchungsgebiet anzunähern.

Ein Beispiel für den Prozess der Themeneingrenzung mit ChatGPT könnte die Aufforderung sein:

Grenze das Thema „Medienkonvergenz im Kontext der Digitalisierung" kompakt ein.

ChatGPTs Antwort würde dann eine komprimierte Übersicht von möglichen Unterthemen liefern. Diese Punkte sollten genutzt werden, um eigene Schwerpunkte zu setzen und die Themen weiter zu spezifizieren. Auch hierbei können die Aussagen der KI nicht als Text für die Hausarbeit übernommen werden. Sinnvoller wäre an dieser Stelle, ChatGPT alle in Betracht kommenden Themenpunkte zu nennen und zu erfragen, ob etwas fehlt und was noch beachtet werden sollte.

Letztlich ergibt sich nach der Themeneingrenzung die Notwendigkeit, ein klares Ziel des weiteren Vorgehens zu formulieren. Was genau soll mit der Arbeit erreicht werden? Welche Fragestellungen will man beantworten? Dieser Prozess kann durch die Erstellung eines Exposés unterstützt werden. Ein Beispiel-Prompt für ChatGPT könnte hier lauten:

Verfasse ein Exposé in Textform für eine wissenschaftliche Hausarbeit zum Thema „Medienkonvergenz im Kontext der Digitalisierung" mit folgenden Schwerpunkten [...]

Es ist möglich, dass ChatGPT daraufhin eine kurze Einleitung in das Thema, eine Gliederung und eine knappe Erläuterung, wozu ein Exposé dient, verfasst. Sofern darin z. B. noch keine Fragestellungen enthalten sind oder die Gliederung zu umfangreich ist, kann mit weiteren Prompts nachgebessert werden:

Bitte teile mir mit, für welchen Seitenumfang die weiter oben erstellte Gliederung gedacht ist!

Bitte erstelle mir ein Exposé mit Überlegungen zu möglichen Untersuchungsfragen, Methoden und existenten Quellen!

Besonders gründlich kann man vorgehen, indem man mit einem Prompt erfragt, was in ein wissenschaftliches Exposé gehört und im Anschluss die einzelnen genannten Aspekte zu nachfolgenden Prompts formuliert.

Was könnte [Teil des Exposés, z. B. Problemstellung/Fragestellung, Methodik, etc.] für eine Hausarbeit zum Thema [Thema] sein?

Es kann zunächst überflüssig erscheinen, ein Exposee zu erstellen, unter Verwendung von KI kann es jedoch mit weniger Aufwand erstellt werden und ist ungemein hilfreich, da es während des gesamten Prozesses der Hausarbeit Orientierung bietet und in Teilen für die Einleitung verwendet werden kann. Die durch KI unterstützte Erstellung eines solchen Dokuments bedarf allerdings einer sorgfältigen Prüfung und möglicher Anpassungen durch die Verfassenden, um den Fokus der Arbeit zu schärfen und passende Ziele festzulegen. Das von der KI gelieferte Ergebnis kann trotz mehrerer Anfragen unbefriedigend oder sogar irreführend bleiben. Das Problematische daran ist, dass es Erfahrung im Schreiben von Hausarbeiten braucht, um zu erkennen, ob die Vorschläge praktikabel und zielführend sind.

4.1.2 Hypothesen formulieren

Eine **Hypothese** im Rahmen wissenschaftlicher Arbeiten fungiert als eine von Forschungsproblemen abgeleitete Aussage, die dazu dient, die Beziehung zwischen zwei oder mehreren Variablen aufzudecken (Klewer 2022). Sie ist somit ein zentrales Element der wissenschaftlichen Forschung, da sie testbare Vorhersagen bereitstellt, welche wiederum zur Generierung von empirisch überprüfbaren Ergebnissen führen.

Allerdings ist die Formulierung von Hypothesen nicht für jede Art der Untersuchung sinnvoll oder erforderlich. Es empfiehlt sich, im Vorfeld mit den Prüfenden zu diskutieren, ob die Formulierung von Hypothesen im gegebenen Kontext vonnöten ist (Klewer 2022). Die hier gemeinten empirischen Hypothesen kommen vor allem in Naturwissenschaften und Sozialwissenschaften vor, aber auch in Psychologie, Medizin und Gesundheitswissenschaften.

In den Geisteswissenschaften haben Hypothesen eine andere Funktion und sind nicht immer direkt experimentell überprüfbar. Im Kern geht es darum, komplexe kulturelle Phänomene zu erforschen, Theorien zu überprüfen, Interpretationen vorzuschlagen oder neue Erkenntnisse zu gewinnen, basierend auf einer gründlichen Analyse von Texten, Quellen oder kulturellen Artefakten. Dieser Bereich kann aufgrund seiner Komplexität hier nicht diskutiert werden.

Bei der Formulierung von Hypothesen ist Vorwissen unumgänglich. Ein methodisches Herangehen erfordert das Definieren der involvierten Variablen, das Herausstellen ihrer logischen Verbindungen sowie das Festhalten der etwaigen Einschränkungen im Geltungsbereich und relevanter Objekte, auf die sich die Hypothesen beziehen (Hartmann und Lois 2015).

Wissenschaftliche Hypothesen sind charakterisiert durch (Hartmann und Lois 2015):

- logische Widerspruchsfreiheit
- Falsifizierbarkeit
- empirische Überprüfbarkeit

Sie treten immer paarweise auf (Klewer 2022):

- Forschungshypothese (Alternativhypothese, h1): eine voraussagende Aussage
- Gegenhypothese (Nullhypothese, h0): das Komplementär zur Forschungshypothese

Sie werden in drei Arten unterschieden (Klewer 2022):

- Zusammenhangshypothese: zwischen zwei oder mehr Merkmalen besteht ein Zusammenhang
- Unterschiedshypothesen: bezüglich einer oder mehrerer abhängiger Variablen unterscheiden sich zwei oder mehrere Objekte
- Veränderungshypothesen: Im Verlauf der Zeit verändern sich die Ausprägungen einer Variable

Durch die Anwendung von sogenannten inferenzstatistischen Signifikanztests – stichprobenartige Tests zu statistisch bedeutsamen Unterschieden – wird die Wahrscheinlichkeit bzw. Zufälligkeit des Zutreffens der Hypothesen geprüft. Anhand dieser Ergebnisse wird am Ende entschieden, welche Hypothese des Hypothesenpaares akzeptiert und welche verworfen werden muss (Klewer 2022).

ChatGPT kann unterstützend bei der Formulierung von Hypothesen wirken. Durch das Eingeben von Prompts können die Eigenschaften der Hypothesen geprüft werden:

Überprüfe, ob meine Hypothese logisch widerspruchsfrei, falsifizierbar und empirisch überprüfbar ist: [Hypothese].

Die Formulierung einer Gegenhypothese könnte unter Zuhilfenahme eines Prompts erfolgen:

Formuliere mir für die folgende Hypothese eine komplementäre Nullhypothese: [Hypothese].

Es ist zu beachten, dass die Nutzung von ChatGPT keinesfalls die kritische Reflexion ersetzen kann. Vielmehr soll ChatGPT als Hilfsmittel gesehen werden, das den menschlichen Untersuchungsprozess unterstützt, nicht jedoch ersetzt. Hierzu gehört es, den von ChatGPT generierten Output nicht ungeprüft zu akzeptieren und zu übernehmen, sondern ihn einem intensiven menschlichen Evaluationsprozess zu unterziehen, bei dem das eigene Fachwissen und analytisch-kritisches Denken fundamentale Rollen spielen.

4.1.3 Inhalte in einer Gliederung logisch strukturieren

Die Gliederung ist das Rückgrat einer wissenschaftlichen Arbeit und dient der strukturierten Darstellung des behandelten Themas. Eine Gliederung erfüllt zweierlei Funktionen, indem sie dem Schreibenden beim Arbeiten hilft und dem

Lesenden bei der Orientierung. Ein systematisches Vorgehen bei der Erstellung der Gliederung erhöht nicht nur die Qualität der Arbeit, sondern erleichtert auch die Literaturrecherche und den Schreibprozess. Eine logische Gliederung gibt dem Leser einen klaren roten Faden vor und damit wirkt die Arbeit überzeugender (Kollmann et al. 2016).

Bei der Gliederung eines Themas ist zu beachten (Kollmann et al. 2016):

- gleichwertige Aspekte auf der gleichen Ebene anzuordnen
- dass Unterebenen der Gliederung mindestens zwei Unterpunkte umfassen, da sonst die Unterebene keinem Zweck dient.

Bei der Erstellung einer Gliederung mithilfe von ChatGPT können zwei Ansätze verfolgt werden:

Ansatz 1
ChatGPT kann direkt angewiesen werden, eine Gliederung für ein bestimmtes Thema zu erstellen. Eine Eingabeaufforderung könnte zum Beispiel lauten:

Erstelle eine Gliederung für eine wissenschaftliche Hausarbeit zum Thema „Digitale Medienkonvergenz: Transformative Fusion von traditionellen und neuen Plattformen".

ChatGPT würde daraufhin eine Gliederung erstellen, die eine strukturelle Grundlage bietet und einen soliden Ausgangspunkt für die weitere Ausarbeitung des Themas darstellt. Es kann hilfreich sein, in der Anweisung Themenschwerpunkte oder Frage-/Problemstellungen zu nennen.

Ansatz 2
Eine alternative Methode besteht darin, ChatGPT einen Kontext in Form einer kurzen Zusammenfassung des Inhalts der wissenschaftlichen Arbeit und einer Reihe von voraussichtlichen Kapiteln zu geben.

Vor dem Einsatz von ChatGPT sollten die eigenen Überlegungen zu einer strukturierten Gliederung angestellt und dann mit dem von ChatGPT generierten Entwurf verglichen werden. Selbst bei einer detaillierten Beschreibung und einem präzise formulierten Prompt kann es zu einer schlecht strukturierten Gliederung kommen. In solchen Fällen muss die Gliederung an das Thema und das eigene Verständnis angepasst werden. Insgesamt ist in einigen Fachdisziplinen darauf zu achten, dass die Gliederung nicht vorrangig nach deskriptiven Gesichtspunkten organisiert ist, sondern stärker argumentativ. Dies bedeutet, dass der Großteil der Kapitel und

Unterkapitel nicht darauf angelegt ist, Zusammenhänge nacherzählend darzustellen, sondern darauf, dass relevante Informationen zum Hintergrund und zum Verständnis von größeren Kontexten als Teil einer Argumentation präsentiert werden. Vermutlich aufgrund der Überzahl bestimmter Gliederungsarten in den Trainingsdaten liefert ChatGPT jedoch eher die deskriptive Variante.

> **Fragen**
>
> *Werden in Deiner Fachdisziplin Hypothesen verwendet und in welcher Form? Befrage hierzu auch ein KI-Tool und überprüfe die Antworten auf Richtigkeit!*
>
> *Wende den Prompt zum Ansatz 1 zur Gliederung auf Dein Thema an!*
>
> *Überlege Dir einen Prompt, eine Promptstruktur zu Ansatz 2 zur Gliederung und wende ihn auf Dein Thema an!*

4.2 Recherche, Informationsaufbereitung, Literaturbearbeitung – mit KI eine Materialbasis schaffen

4.2.1 Literatur und Quellen suchen

Die Literatursuche stellt einen weiteren grundlegenden Schritt im Prozess des wissenschaftlichen Arbeitens dar. Umfassende und zielgerichtete Recherche ist das Fundament jeder akademischen Arbeit. Die Integration von Künstlicher Intelligenz in den Prozess der Literatur- und Quellenrecherche kann unter anderem eine Einsparung von Zeit und weiteren Ressourcen bedeuten (Alqahtani et al. 2023). Das unterschiedliche Informationsmaterial kann mithilfe allgemeiner oder spezialisierter Rechercheinstrumente ausfindig gemacht und Suchstrategien können entwickelt werden.

Literatur und **Quellen** sind unterschiedliche Typen von Ausgangsmaterial. Eine Quelle gilt als Primärmaterial, welches Gegenstand der Untersuchung ist, beispielsweise Interviews und Umfragedaten, Berichte und Statistiken, Testergebnisse und Laborprotokolle, Dokumente und kulturelle Artefakte. Das Sekundärmaterial ist die Literatur. Dies entsteht, sobald Informationen über die Quelle erzeugt werden – Ableitungen aus den Informationen der ausgewerteten Quellen. Als Literatur versteht man zum Beispiel Studien, Zeitungsartikel und Aufsätze in

Fachzeitschriften (Oehlrich 2015). Für Studierende besteht die Aufgabe entweder darin, ein Thema allein oder überwiegend anhand von Sekundärliteratur zu erörtern oder eigenständig Daten als Grundlage zur Untersuchung durch Umfragen, Tests und Versuche zu erzeugen und diese gewonnenen Daten in Bezug zu setzen mit den Forschungsergebnissen in der Sekundärliteratur.

Zu den **allgemeinen KI-Tools** zählt ChatGPT, das aufgrund seiner Popularität ein häufig genutztes Tool für die Suche nach wissenschaftlicher Literatur ist. Von seiner Verwendung im Recherchekontext ist jedoch aufgrund unterschiedlicher Gründe abzuraten. In einer Studie wurden 610 von ChatGPT gefundene Literaturtitel zu zwölf Themenbereichen untersucht. Dabei wurde festgestellt, dass nur 62 % der Titel überhaupt existierten. Ganze 31 % der gelieferten Titel waren frei erfunden, 7 % waren unvollständig. Nur 60,3 % der existierenden Titel stellten sich letztendlich als themenrelevant heraus. Insgesamt wurde nur 20 % des von ChatGPT gelieferten Materials als den Anforderungen korrekt entsprechend identifiziert (Suppadungsuk et al. 2023). Je nach Modell fehlen aktuelle Daten und die Suchmethodik ist intransparent (Haar et al. 2024). ChatGPT ist aktuell noch nicht in der Lage, verlässlich Literatur auszugeben. Davon, ChatGPT als Recherchetool zu nutzen, ist daher abzuraten, fiktive Zitate und nachträglich hinzugefügte Hyperlinks trotz technisch unmöglicher Quellenverweise untermauern dies (Oertner 2024). Es ist abzuwarten, ob es in Zukunft positive Entwicklungen in diese Richtung geben wird (Sohail et al. 2023).

Um eine **Suchstrategie** für das gewählte Thema zu entwickeln, kann ChatGPT hingegen nützlich sein. Es kann Schlüsselbegriffe, Unterthemen, Synonyme und Trunkierungen – Platzhalter für eine beliebige Menge von Zeichen bei einer Suchanfrage – ermitteln.

Dazu folgendes Beispiel für einen möglichen Prompt (Hochschule Rhein-Main: Recherchevorbereitung 2024), bei dem die Raute „#" für eine schrittweise Abarbeitung der Aufträge sorgt:

> **Übersicht**
>
> *Für eine Literaturrecherche zum Thema [„THEMA EINFÜGEN"] möchte ich die Recherchemethode Blockbildung/Building Blocks einsetzen. Bitte erkläre mir zunächst, worum es bei der Recherchemethode geht. Gehe dann nach und nach folgende Schritte durch:*
>
> *#Identifiziere die Schlüsselbegriffe meines Themas*

> *#Zerlege das Thema bzw. die Untersuchungsfrage anhand der Schlüsselbegriffe in Blöcke*
>
> *#Finde Synonyme und verwandte Begriffe für jeden Schlüsselbegriff und stelle das Ergebnis in einer Tabelle dar (eine Spalte für jeden Block)*
>
> *#Trunkiere alle in Schritt 3 gefundenen Begriffe sinnvoll in einer Tabelle*
>
> *#Verknüpfe die Wörter jeder Spalte mit einem OR, jeder Block hat runde Klammern und zwischen den Klammern wird der boolesche Operator AND eingesetzt. Gib mir dafür einen Suchstring aus, der alles enthält.*

Mit „Trunkierung" ist gemeint, dass ein Wort gekürzt und mit einem Platzhalter für fehlende Buchstaben versehen wird. Dies führt zu einer größeren Treffermenge, da auch weitere Begriffe der Wortfamilie oder Wortzusammensetzungen in der Ergebnisliste berücksichtigt werden. Mit einer guten Suchstrategie kann entweder konventionell oder KI-unterstützt weiterrecherchiert werden.

Die **spezialisierten KI-Tools zur Recherche** unterscheiden sich weiter in den Funktionalitäten, welche Suchmöglichkeiten bestehen und ob es Möglichkeiten der Visualisierung gibt.

- Elicit bietet im Gegensatz zu ChatGPT eine alternative Lösung, indem es eine stichwortunabhängige Literatursuche ermöglicht, die die Identifizierung relevanter Artikel vereinfacht. Dies kann insbesondere bei umfangreichen Datenbankabfragen von Vorteil sein. Die Nichtnachvollziehbarkeit der internen Suchmethodik bleibt jedoch eine Herausforderung (Haar et al. 2024).
- Research Rabbit ermöglicht das Erstellen thematischer Netzwerke und visualisiert Verbindungen zwischen Artikeln und Autorengruppen. Darauf basierend können weitere, ähnliche Titel oder Autoren zum Thema gezeigt werden. Ebenso verknüpft dieses Tool die Suchergebnisse mit referenzierten und zitierten Artikeln (Hochschule RheinMain: Übersicht KI-Tools 2024).
- Semantic Scholar dient dem Auffinden von relevanten Artikeln und generiert Literaturempfehlungen basierend auf Keywords und Autoren. Durch die Einführung des neuen Semantic Reader Textanalyse-Tools können Texte zusammengefasst werden, was den Rechercheprozess erleichtert (Hochschule RheinMain: Übersicht KI-Tools 2024).
- Connected Papers ist ein auf die Visualisierung abzielendes Recherche-Tool. Einer der relevantesten Artikel wird vom Anwendenden aus den Suchergebnissen ausgewählt und als „origin paper" benutzt. Ähnliche Publikationen zu

diesem Ausgangsdokument werden graphisch in einem Netzwerk in Bezug gesetzt, wobei die Größe eines Knotens auf die Menge an Zitationen verweist. Es handelt sich aber nicht um einen Zitationsbaum, sondern kann dabei helfen, die Komplexität einer umfangreichen Literaturrecherche zu vereinfachen (Behera et al. 2024; Liu und Ali 2022).
- Perplexity.ai ist eine Kombination aus Chatbot und Internetsuche. Wählen kann man zwischen einer schnellen Suche (Quick Search) und einer intensiven Suche (Copilot Search). Mit dem Search Focus lässt sich einstellen, ob beispielsweise die komplette Datengrundlage oder nur akademisches Material ausgewählt werden. Perplexity.ai ist ebenso in der Lage, die ausgegebene Literatur mit Quellen zu hinterlegen. Dies vereinfacht die Überprüfung des Outputs (Sperl 2024).
- Weitere KI-Recherche-Tools sind Litmaps, Consensus, Scilink, Scite und Dimensions AI (Lehmann-Matthaei und Kraemer 2024).

Es ist wichtig, sich über die **Zuverlässigkeit** der KI-basierten Ergebnisse im Klaren zu sein. So kann KI zwar Informationen auf Basis der Daten liefern, mit denen es trainiert wurde, diese jedoch oft nicht verifizieren. Die Grenzen von KI in Bezug auf Genauigkeit und Zuverlässigkeit umfassen unter anderem die Unfähigkeit, spezifische Quellen zu zitieren, die Gefahr von Plagiaten und einen Mangel an Tiefe und Spezifität (Chubb 2022). Um einen korrekten und vollständigen Überblick über verfügbare Suchergebnisse zu geben, muss die KI auf eine vollständige Datenmenge zugreifen können. Darauf muss das genutzte Tool jedoch trainiert sein (Alqahtani et al. 2023).

4.2.2 Material organisieren, erschließen und aufbereiten

Nachdem die Literatur gesichtet ist, geht es um weitere Erschließung, Aufbereitung und Organisation des Materials. Bereits bei der Recherche werden anhand von Titeln, Schlagwörtern, Abstracts u. a. oftmals erste Entscheidungen getroffen, ob das Material für das Thema und die Fragestellung relevant ist oder sein könnte. Um diese Relevanzentscheidungen zu erleichtern, dienen inhaltliche Zusammenfassungen und Übersetzungen von Teilen. Es gibt unterschiedliche KI-Tools und Methoden, um das gefundene Material auszuwählen und aufzubereiten. Dabei kann es hilfreich sein, Abstracts oder Passagen zu übersetzen, Audiodateien zu Textdateien umzuwandeln und somit Informationen für die weitere Bearbeitung zu erschließen. Es ist zudem sinnvoll, das Informationsmaterial zu ordnen und bei größeren Mengen oder speziellen Anliegen sogar zu klassifizieren. Die Reihenfolge dieser Arbeitsschritte wird individuell anzupassen sein.

Das **Klassifizieren und Ordnen** des vorhandenen Materials empfiehlt sich für unterschiedliche Phasen. KI kann dabei helfen, da diese Zusammenhänge und Muster großer Datenmengen der Materialien erkennen kann (Meier und unbekanntes KI-Modell 2023). ChatGPT kann hierbei hilfreich sein. Beispiel Prompt:

> *Für eine Hausarbeit zum Thema XY muss die folgende Liste mit Literatur und Quellen gesichtet, klassifiziert und geordnet werden. Entferne dabei Duplikate und klassifiziere sie nach den Kriterien „Thema", „Forschungsbereich" und „Veröffentlichungstyp". Gib die geordnete Liste in Form einer Tabelle mit Namen und genannten Kriterien aus. Ordne die Liste alphabetisch nach Namen.*

Dabei ist zu beachten, dass der Titel als „Thema" ausgegeben werden kann und für „Forschungsbereich" Wörter aus dem Titel extrahiert werden. Anschließend kann das Material kategorisiert werden hinsichtlich komplett zu lesender Texte, auszugsweise zu lesender Texte und ungeeigneten Materials, das entsorgt werden sollte (Kollmann et al. 2016). Als möglichen direkt anschließenden Prompt könnte es folgendermaßen formuliert werden:

> *Was von der Literaturliste sollte ich unbedingt für das Thema lesen, welche Titel nur auszugsweise und was davon ist eventuell ungeeignet für das Thema?*

Übersetzung von fremdsprachigem Material erleichtert die weitere Arbeit und kann je nach eigenen Sprachkenntnissen für die Erstellung einer Hausarbeit äußerst hilfreich sein. Das KI-Tool DeepL übersetzt kostenlos bis zu einer Textlänge von 1500 Zeichen. Es ist in der Lage, Zusammenhänge im Kontext zu verstehen und übersetzt aktuell in 28 Sprachen (Universität Siegen: KI-Tools, Literaturrecherche 2024). In der kostenpflichtigen Variante sind weitere Funktionen enthalten und es kann mehr Text verarbeitet werden.

Audio zu Text gibt die Möglichkeit, Audiomaterial wie Interviews oder Videos in Text umzuwandeln (Basystiuk et al. 2021). Hierbei extrahiert die KI wichtige Audiomerkmale, die dann durch Machine Learning zur Spracherkennung mit einer 99,01-prozentigen Genauigkeit als Text ausgegeben wird (Adeyanju et al. 2021). Sprache-zu-Text-Tools von Unternehmen wie Microsoft und Google bieten ebenso eine Begriffsvisualisierung des Transkripts, indem Schlüsselwörter nach Attributen wie Häufigkeit angezeigt werden. Oft wird dies in einer Wolkenansicht dargestellt, Größe und Farbe können verschiedenen Attributen zugewiesen werden. Trotzdem müssen die Ergebnisse immer auf Fehler untersucht werden, um diese zu bearbeiten (Wu et al. 2020).

KI-generierte Zusammenfassungen helfen, die oft mehrseitige Literatur oder Quelle themenspezifisch eingrenzen zu können. So wird durch eine Inhaltsangabe ein kurzer, jedoch tieferer Einblick in das Material gegeben. Allgemeine Tools liefern andere Ergebnisse als spezialisierte Werkzeuge. ChatGPT ist als Extraktionstool wegen häufig fiktiver Ausgabe unzuverlässig (Oertner 2024). Durch Plugins lässt sich aber auch dieses Tool für die Textzusammenfassung nutzen. Wichtig dabei ist vorab zu klären, ob die ChatGPT-PlugIns nur mit kostenpflichtigen ChatGPT-Produkten zugänglich sind. Das PlugIn AskYourPDF ist in der Lage, PDF-Dateien im Detail zu analysieren und in kurzer Zeit gewünschte Informationen zu extrahieren. Copywriter als ein anderes PlugIn ermöglicht es, Inhaltsangaben einer URL zu generieren (Rybka 2023).

Spezielle KI-Tools für Zusammenfassungen sind eigens für diese Funktion trainiert und eignen sich daher für diesen Zweck oft besser, so beispielsweise Semantic Scholar durch einen Semantic Reader. Mit Lateral können große Textmengen innerhalb kurzer Zeit analysiert werden. Auch SciSpace bietet die Möglichkeit, eine Textanalyse per Materialupload durchzuführen (Hochschule RheinMain: Übersicht KI-Tools 2024). Varia erzeugt mithilfe von NLP automatische Zusammenfassungen (Heyduck 2021). Explainpaper bietet verschiedene Erläuterungsniveaus, um hochgeladene PDF-Dateien zu erklären. Markierte Textabschnitte können in einfacher Sprache bis zur Erklärungsebene „Experte" erläutert werden (Carl et al. 2024).

Im Hinblick auf alle hier genannten Arten, Material zu organisieren, zu erschließen und aufzubereiten ist immer zu bedenken, dass KI nicht in der Lage ist zu verstehen, was sie konstruiert. Die erhaltenen Daten werden nur mit anderen Datensätzen abgeglichen, nicht kritisch hinterfragt (Lorenz 2022). Dazu kommt die Gefahr, entstandene Fehler nicht nachvollziehen zu können, da sich die Muster- und Objekterkennung zwischen Mensch und Maschine unterscheiden. Oft ist es selbst für Fachleute schwer angeben zu können, welche Eingabe zu welcher Ausgabe geführt hat (Datenethikkommission der Bundesregierung 2019).

4.2.3 Literatur lesen, verstehen und auswerten

Um sich mit den Inhalten des ausgewählten Materials auseinandersetzen zu können, muss dies gelesen, verstanden und daraus für das eigene Thema Relevantes herausgearbeitet werden. Mithilfe von Zusammenfassungen, Übersetzungen und anderen Formen der Informationserschließung und -aufbereitung sind erste

Zugänge zum Textverständnis geschaffen worden. Das eigentliche Lesen, wenn nun nicht Vorlesen gemeint ist, sondern im Sinne von Textpassagen in ihrem vollen Umfang selbst erfassen, kann derzeit von keiner anderen Instanz als dem eigenen Gehirn ausgeführt werden.

Bei **Lesestrategien** kann ein KI-Tool jedoch durchaus unterstützen, indem es hierzu Informationen und Tipps liefert, wobei es hier auch wiederum von Vorteil ist, von dem KI-Tool zu einer konkreten Lesemethode Anweisungen anzufordern.

Ein Beispielprompt könnte folgendermaßen aussehen:

Welche Lesestrategien gibt es? Welche davon sind für wen zu empfehlen?

Bezüglich des **Textverständnisses** können KI-Tools Informationen in einfacheren Worten erklären, Beispiele oder Analogien verwenden, zusätzliche Hintergrundinformationen oder Kontext bereitstellen, Fragen stellen, um sicherzugehen, dass Informationen richtig verstanden wurden und weiterführende Informationen oder Ressourcen empfehlen.

Beim **Exzerpieren** geht es darum, inhaltliche Auszüge zu machen, sodass der Text idealerweise nicht noch einmal gelesen werden muss. Dabei können abschnittsweise Inhalte zusammengefasst, Zitate zu Kernaussagen herausgesucht und Gedanken in eigenen Worten wiedergegeben, paraphrasiert werden. Bis zu einem gewissen Grad sind auch KI-Tools hierbei von Wert, wie bereits mehrfach erwähnt in Form von Zusammenfassungen. Je nach Ausgangsmaterial liefert zum Beispiel der Zitiergenerator von Scribbr je nach hinterlegten Daten Schlüsselsätze als Zitate.

Beim **Paraphrasieren** besteht das Problem, dass ein KI-Tool sich möglicherweise nicht ausreichend von der Satzstruktur und der Wortwahl entfernt, um das Ergebnis als Paraphrase gelten lassen zu können. Die beim Exzerpieren gemachten inhaltlichen Stichpunkte oder Bullet Points können wiederum als Grundlage für Prompts dienen, um damit einen Fließtext zu generieren.

Das **Zitieren** kann ebenfalls beim Exzerpieren bereits vorbereitet werden, indem zwischen den Inhalten und den Literaturangaben eine formale Verknüpfung hergestellt wird. KI-Tools machen es einfach und sind in der Lage, automatisch **bibliografische Angaben** zu generieren. Wer kein Literaturverwaltungsprogramm nutzen möchte, kann sich mit KI-Tools wie Trinka, Scribbr o. ä. behelfen, die Zitierweise und Literaturangaben in verschiedenen Zitierstilen ausgeben. Im Bezug darauf ist es wichtig, sich mit unterschiedlicher Zitation, sowohl des Materials als auch der genutzten KI, auseinanderzusetzen.

Zitierweisen von Künstlicher Intelligenz werden in Anbetracht der noch in Entwicklung befindlichen rechtlichen Rahmenbedingungen für KI-generierten

Output individuell von Hochschulen anhand von Handreichungen und Ordnungen geregelt, die vorgeben, inwiefern und in welcher Form dies im akademischen Kontext angegeben werden muss. Es ist in jedem Fall unerlässlich, dass sowohl Lehrende als auch Studierende nachvollziehen können, welche Textteile durch KI generiert wurden, daher müssen diese deutlich gekennzeichnet sein (Hoeren 2023).

Da es sich bei KI-generiertem Output immer um Texte fremder Urheberschaft handelt, sollte dies angegeben werden. Darunter zählen, welches KI-System verwendet wurde und der verwendete Prompt. Es empfiehlt sich zusätzlich, im Anhang der Arbeit die Prompts darzustellen, die für Gedankengänge verwendet wurden (Bundesministerium für Bildung, Wissenschaft und Forschung 2023):

Kurzzitate von KI-generierten Inhalten im Fließtext sind beispielsweise folgendermaßen anzugeben:

- OpenAI's ChatGPT Sprachmodell; Prompts: persönliche Kommunikation; 22.10.2023
- OpenAI's ChatGPT Sprachmodell; Prompts: Konkrete Frage der Schülerin/des Schülers und Antwort auf die Frage angeben; 22.10.2023

Langzitate von KI-generierten Inhalten im Literatur- oder Quellenverzeichnis sind beispielsweise folgendermaßen anzugeben:

OpenAI's ChatGPT Sprachmodell; Bitte beschreibe den Umgang mit textgenerierender KI bei Diplomarbeiten in maximal 150 Wörtern; Bitte gehe erklärend auf KI als Werkzeug ein; 22.10.2023.

Im Prozess, Texte zu lesen und zu verstehen, können KI-Tools bei Lesestrategien, beim Exzerpieren, Paraphrasieren und Zitieren unterstützen. In der Wissenschaft spielt Vertrauenswürdigkeit eine zentrale Rolle. Dies bezieht sich vor allem auf den Umgang mit Untersuchungsdaten sowie mit Quellen und Literatur. Durch die Nutzung von KI-Tools kann Transparenz und Integrität vom Ausgangsmaterial der Untersuchung verloren gehen, indem die Vertrauenswürdigkeit von Informationen unklar bleiben, zweifelhafte Behauptungen entstehen können (Bax et al. 2023) oder durch die KI für das wissenschaftliche Thema wichtige Textpassagen ignoriert werden (Alqahtani et al. 2023). Daher ist eine besonders sorgfältige und umsichtige Arbeitsweise in der KI-Anwendung zum Verstehen und Auswerten von Texten angebracht.

> **Fragen**
>
> Nimm ein Buch, einen Aufsatz oder, sofern vorhanden, eine alte Hausarbeit und frage KI-Tools nach Literatur zu dem Thema und überprüfe die Liste
>
> a) anhand des Literaturverzeichnisses des Buches, des Aufsatzes, der Hausarbeit und
> b) mit einer Literaturdatenbank
>
> daraufhin, ob es die vom KI-Tool vorgeschlagenen Titel dort gibt!
>
> Musst Du für Deine Hausarbeit Material organisieren, erschließen und aufbereiten? Wenn ja, was genau ist zu tun und welches KI-Tool könnte Dir helfen?
>
> Befrage KI-Tools zu Lesestrategien! Lasse Dir zunächst eine Liste von möglichen Strategien nennen!
>
> Finde heraus, welche Zitationsregeln an Deiner Hochschule gelten oder an welchen Du Dich orientieren kannst und übe Dich darin, über Deine Prompts in Form von Zitationen Protokoll zu führen!

4.3 Erkenntnisgewinnung, Texterzeugung und Finalisierung – mit KI Gedanken textlich gestalten

KI-Unterstützungssysteme, speziell KI-basierte LLMs wie gegenwärtig ChatGPT oder Gemini, können bei der Ausarbeitung des ersten Entwurfs und der Revisionsphase von Hausarbeiten eingesetzt werden. Vorherige Arbeitsschritte, Ideen zu entwickeln und zu ordnen, werden vertieft. Im Anschluss geht es um eine wissenschaftliche Auseinandersetzung, indem alternative Perspektiven erwogen und Zusammenhänge hergestellt werden. Die dadurch gewonnenen Inhalte müssen noch feiner gegliedert und in eine logische Folge gebracht werden. Schließlich kann ein KI-Tool die gewonnenen Erkenntnisse in Form von selbstständig erstellten Bullet Points oder Textbausteinen in einen Fließtext umwandeln.

4.3.1 Gelesenes zu eigenen Gedanken weiterentwickeln

Um zu einem umfassenden, vertieften und vor allem reflektierten Verständnis im Anschluss an die Auseinandersetzung mit den Materialien zum Untersuchungsgegenstand zu gelangen, können vorherige Arbeitsschritte wie weitere Ideen zu generieren wiederholt und dabei nochmals KI-Tools zur Unterstützung verwendet werden. Sobald das Grundgerüst von Inhalten, Erkenntnissen und Argumentationen steht, kann auch dies mithilfe von KI getestet werden.

Zur **Weiterentwicklung des Verständnisses** kann es hilfreich sein, nochmals zu Unterthemen oder einzelnen Aspekten Ideen zu generieren (Lee et al. 2023), sie in ihrer Breite und Tiefe zu ergänzen, sie alternativ zu beleuchten und weitere Zusammenhänge zu erkennen. Dabei können erarbeitete Aspekte als Anhaltspunkte dienen, die ausgebaut, vereinfacht oder angepasst werden, um bestmögliche Ergebnisse von einem KI-Tool zu erhalten. Es gibt viele Ideen, wie KI-Tools hier helfen können (Thurm et al. 2023). Das vom Studierenden in den jeweiligen Prompt eingefügte Thema sollte an dieser Stelle anders als eingangs bei der Themensuche und -eingrenzung viel konkreter formuliert und dabei die Unterpunkte stärker in den Blick genommen werden.

Beispiel Prompt: Brainstorming- Unterstützung

Brainstorme bitte über verschiedene Aspekte von [THEMA]. Denke an innovative Ideen, Herausforderungen, Chancen und mögliche Anwendungen. Gib mir einen breiten Überblick über das Thema, inklusive potenzieller Entwicklungen und relevanter Schlüsselkonzepte.

Beispiel Prompt: Sokratischer Dialog

Ich möchte, dass du wie Sokrates handelst. Du sollst die sokratische Methode anwenden, um meine Überzeugungen zu hinterfragen und nach logischen Schwächen zu suchen. Ich werde eine Aussage machen und Du wirst versuchen, jede Aussage weiter zu hinterfragen, um meine Logik zu prüfen. Du solltest die Hauptprämisse, die Nebenprämisse, alle anderen Prämissen und die Schlussfolgerung identifizieren. Gib' an, welche dieser Komponenten du in Frage stellst. Du wirst jeweils mit einer Zeile antworten. Meine erste Behauptung lautet: [Behauptung evtl. mit Begründung].[1]

Beispiel Prompt: Aufzeigen von alternativen Perspektiven

---

[1] Für den Hinweis auf diese Herangehensweise gilt der Dank Simon Kugler.

Bitte zeige alternative Perspektiven zu [THEMA] auf. Untersuche verschiedene Standpunkte, Ideen und Herangehensweisen im Zusammenhang mit [THEMA]. Betone sowohl Unterschiede als auch Gemeinsamkeiten und analysiere die möglichen Auswirkungen unterschiedlicher Blickwinkel auf [THEMA]. Erweitere den Horizont und betrachte [THEMA] aus verschiedenen, potenziell kontrastierenden Perspektiven, um ein umfassendes Verständnis zu fördern.

Beispiel Prompt: Aufzeigen von Zusammenhängen

Bitte identifiziere und erkläre relevante Zusammenhänge zwischen [THEMA A] und [THEMA B]. Untersuche mögliche Wechselwirkungen, Einflüsse und Abhängigkeiten zwischen den beiden Themen. Betrachte dabei sowohl direkte als auch indirekte Verbindungen und erkläre, wie Veränderungen in einem Bereich Auswirkungen auf den anderen haben könnten. Deine Analyse sollte dazu beitragen, ein tieferes Verständnis für die Beziehung zwischen [THEMA A] und [THEMA B] zu entwickeln.

Sind alle inhaltlichen Aspekte gedanklich versammelt, könnte ein abschließender Prompt darauf abzielen, auf fehlende Aspekte aufmerksam gemacht zu werden.

Eine **Argumentationsanalyse** kann ebenfalls mit LLMs bewerkstelligt werden, sobald diese in Form von Bullet Points oder Fließtext steht. Durch Prompts könnte man erfragen, ob die Argumentation umfassend und stichhaltig ist, welche Gegenpositionen darin zu berücksichtigen sind und wie die verschiedenen Positionen entkräftet werden können. Durch Rollenzuweisung im Prompt oder durch Anweisung kann im Output so etwas wie eine Gegenrede provoziert werden. Dies soll das eigene Verständnis herausfordern.

Entsprechende Prompts könnten wie folgt aussehen:

- *Bitte zerlege mir folgende Argumentation:* [These], *daher* [Schlussfolgerung].
- *Wie kann ich folgende Argumentation verbessern* [alternativer Versuch mit *bestärken*]?

Bessere Ergebnisse könnten folgende Prompts erzielen:

- *Identifiziere logische Schwächen der folgenden Behauptungen:* [Behauptungen].
- *Du bist ein Prüfer im Studium meiner Hausarbeit über* [Thema], *wo ich behaupte,* [Behauptung], *weil* [Begründung]. [Provokative Aussage]. *Bitte demontiere diese Behauptungen.*

Im Übergang von Argumenten und einer Strukturierung eines entsprechenden Textes kann folgender Prompt hilfreich sein:

Bitte bilde eine These, eine Gegenthese und eine Synthese zu [Thema].

Die Verwendung von KI kann eine hilfreiche Unterstützung darstellen, über das anfängliche Textverständnis von gelesenen Informationen hinauszugehen und eine eigene Argumentation zu einem Thema zu entwickeln und zu verfeinern.

4.3.2 Gedanken formulieren

Nachdem das Gelesene verarbeitet und eigene Gedanken dazu entwickelt wurden, sollten diese versprachlicht sowie Ideen zu ersten Entwürfen ausformuliert werden. Ohne dies ist eine Weiterbearbeitung mittels KI-Tools auch gar nicht möglich. Es bieten sich dafür zwei unterschiedliche Verfahren an, die möglicherweise auch in einer Mischform auftreten: Die eigenen Gedanken und Erkenntnisse werden

a) in Form von „Bullet Points" festgehalten oder
b) ohne große Ordnung ungehemmt in einem Fließtext niedergeschrieben.

Die eine Herangehensweise basiert eher auf einem „Roten Faden" und liefert mehr Struktur als Text, während das zweite Vorgehen textliche Skizzen und somit erste Textbausteine hervorbringt.

Die **Strukturierung** der Inhalte erfolgt je nach Arbeitsweise früh im Prozess der Erstellung einer Hausarbeit (siehe Abschn. 4.1.3), kann aber auch zu einem späteren Zeitpunkt noch immer erfolgen, wenn Studierende sich Inhalte erschlossen und möglicherweise dazu bereits Gedanken formuliert haben. Im fortlaufenden Prozess wird auch die Gliederung verbessert, in feinere Hierarchiestufen aufgefächert und bis in die logische Abfolge und den Aufbau von Absätzen umgesetzt. Auf Grundlage von vorgegebenen Informationen, zum Beispiel in Form von Bullet Points, können KI-Werkzeuge wie ChatGPT eine Gliederung erstellen oder eine bereits vorhandene verbessern. Auch für die Verfeinerung der Struktur ist es hilfreich, wenn die Bullet Points kurz und prägnant sind und möglichst nur eine spezifische Idee oder Information enthalten. Die Prompts sollten jeweils ausreichend Kontext pro Kapitelabschnitt liefern. Dies sorgt für mehr Klarheit in der Kommunikation mit der KI-Anwendung und vermeidet unnötige

Details in der ausgegebenen Antwort. Auf diese Weise hilft ChatGPT dabei, mithilfe dieser generierten Strukturen einen logischen Aufbau zu finden und einen guten Informationsfluss herzustellen. Die Struktur muss hinterfragt und von einem Menschen auf Stimmigkeit überprüft werden, da die KI-Anwendung lediglich wahrscheinliche Ergebnisse liefert, hierbei aber auch vollkommen daneben liegen kann. (Sun et al. 2022).

Bei der **Ausformulierung** von eigenen Erkenntnissen, Synthesen und Argumentationen kann ChatGPT den Anfang erleichtern. Indem die KI ansprechende Einführungssätze generiert und Vorschläge für präzise und überzeugende Argumentationsstrukturen liefert, kann Studierenden die „Angst vor dem weißen Blatt" genommen werden (Lingard 2023; Mondal und Mondal 2023). Beispielsweise könnte ChatGPT bei der Ausformulierung eines Abschnitts unterstützen, indem spezifische Fachterminologie, Satzbau und eine angemessene Sprache angewendet werden (Mondal 2023). Auch bei der Ausformulierung von Sätzen und Absätzen kann ChatGPT unterstützen. Ein ausformulierter Prompt, der die Klarheit und Struktur von Textabschnitten zu einem Thema verbessern und deren Lesbarkeit erhöhen soll, könnte hier folgendermaßen aussehen:

Bitte unterstütze mich bei der Verbesserung der Klarheit und logischen Struktur in meinen Abschnitten zu [THEMA]. Biete klare Übergänge zwischen den Ideen, strukturiere die Argumentation so, dass sie kohärent ist, und gib Hinweise zur optimalen Anordnung von Thesen und Belegen. Fördere die Verknüpfung von Schlüsselkonzepten und weise auf mögliche Redundanzen hin. Dein Feedback soll dazu beitragen, die Lesbarkeit zu verbessern und sicherstellen, dass meine Abschnitte klar und gut strukturiert sind.

Zusätzlich können Zwischenüberschriften für die einzelnen Textabschnitte angefordert werden, die deren Kernaussage identifizieren sollen. Wiederum muss der Wahrheitsgehalt von einem Menschen überprüft werden, um falsche Aussagen und Hallucinations zu erkennen (Lingard 2023; Mondal und Mondal 2023). Studierende müssen also das fachliche Wissen besitzen, um die Texte korrigieren und je nach Stand der Datensätze der KI aktuelle Informationen ergänzen zu können. Die generierten Antworten können daher nur als Anregung und Hilfestellung dienen (Lingard 2023).

Vielfach fällt es leichter, Einleitung und Schlussteil der gesamten Hausarbeit, aber auch einleitende und abschließende Formulierungen sowie Überleitungen von Abschnitten der Hausarbeit am Ende zu verfassen, wenn alles durchdacht ist und die Inhalte feststehen und ausformuliert sind. Auch für die Zuhilfenahme von KI-Tools ist dieses Vorgehen sinnvoll.

4 Die Arbeitsphasen der Hausarbeit mit KI

KI-Anwendungen wie ChatGPT bieten vielfältige Möglichkeiten zur Textverarbeitung. Sie können Texte nicht nur zusammenfassen und umformulieren, sondern auch spezifische Abschnitte einer Hausarbeit basierend auf anderen Teilen erstellen. So ist es beispielsweise möglich, eine Einleitung oder eine Zusammenfassung zu generieren, die direkt aus den Ergebnissen der Hausarbeit abgeleitet wird. (Del Giglio und da Costa 2023).

Weitere, auf Texterstellung spezialisierte Tools sind beispielsweise Writesonic. Hier können nicht nur Faktoren wie Stil oder bestimmte Formulierungen vorab eingestellt werden, sondern das Tool greift auch auf aktuelles Wissen der Google-Suchmaschine zurück. Das Tool Neuroflash verfügt über unterschiedliche Tonalitäten, um die gewünschte Zielgruppe besser anzusprechen. (Meier und unbekanntes KI-Modell 2023).

Grundlegend ist zu berücksichtigen, dass diese Anwendungen in der Regel eine maximale Wort- oder Zeichenanzahl haben, welche sie bearbeiten können. Hierdurch kann es vorkommen, dass die Verarbeitungskapazität nicht für die gesamte Arbeit auf einmal ausreicht. In diesem Kontext ist es empfehlenswert, den Text in kleinere Abschnitte zu unterteilen und diese separat zu bearbeiten.

Bausteine für eine **Einleitung** können Studierende unkompliziert erstellen, wenn sie mit KI-Tools ein Exposé erarbeitet haben (siehe Abschn. 4.1.1). Vieles davon kann überarbeitet in die Einleitung übernommen werden, nämlich Untersuchungsfrage oder Hypothese, Zielsetzung, Methodik und Überblick über den inhaltlichen Aufbau. Falls kein Exposé erstellt wurde, können folgende Fragen zielführend sein:

Beispiel-Prompt für eine Einleitung:

Was gehört in die Einleitung einer wissenschaftlichen Hausarbeit?

Kannst Du mir nach und nach Fragen zu diesen Punkten stellen und mir aufgrund meiner Antworten eine Einleitung schreiben, bitte?

Es folgt ein Dialog über die von der KI aufgezählten Bestandteile der Hausarbeit, die Studierende entsprechend ihrer Erkenntnisse beantworten. Die KI formuliert dann einen Absatz dazu. Es lohnt sich, untenstehende Folgefragen zu stellen:

Fehlt noch etwas in dieser Einleitung für eine wissenschaftliche Hausarbeit?

Kannst du das von dir als fehlend Genannte wiederum Frage für Frage mit mir durchgehen, bitte?

Eventuell muss für die letztgenannte Frage ein neuer Dialog angesetzt werden, wenn die Abarbeitung der Fragen nicht mehr so strukturiert erscheint.

Die Einleitung muss möglicherweise um weitere Aspekte ergänzt werden, zum Beispiel mit der verwendeten Daten-, Quellen- oder Literaturgrundlage sowie einem Forschungsstand. Ein Prompt, in welchem lediglich nach dem aktuellen Forschungsstand zu dem Thema der Hausarbeit gefragt wird, ist nicht sehr zielführend. Der Output enthält, ähnlich wie bei der Themenfindung, zumeist nichts weiter als eine Auflistung von Aspekten, die untersuchenswert sind. Auf eine weiterführende Frage, wer derzeit aktuell an diesen Themen forscht, werden zwar Forschende genannt – die Studierenden können sicherlich nach Sichtung und Studium der Literatur einschätzen, ob der KI dabei Fehler unterlaufen sind – aber nach weiteren Rückfrage-Prompts nach kontroversen Positionen der genannten Forschenden ergibt sich noch lange kein Forschungsstand im Output. Folgender Prompt bringt eventuell eine Annäherung:

Bitte zeichne die Forschungsgeschichte zu [Thema] *von ihren Anfängen bis heute nach!*

In beiden Fällen sagen die Ergebnisse jedoch zumeist gar nichts darüber aus, wie die genannten Forschenden sich aufeinander und ihre gegenseitigen Positionen beziehen.

Für die Erstellung von **zusammenfassenden Formulierungen** von Abschnitten oder der gesamten Hausarbeit mittels KI-Anwendungen wie ChatGPT sollte die begrenzte Zeichenkapazität berücksichtigt werden. Es ist mit etlichen Modellen nicht möglich, eine gesamte Hausarbeit direkt einzugeben. Stattdessen können Teile der Arbeit schrittweise eingefügt und die KI aufgefordert werden, die bereits eingespeisten Inhalte zu berücksichtigen. Obwohl ChatGPT diese Funktion unterstützt, gilt dies nicht notwendigerweise für andere Modelle, sodass diese Möglichkeit mitunter nicht gegeben ist.

Falls dieser Ansatz genutzt werden kann, besteht zusätzlich die Möglichkeit, spezifische, für die Hausarbeit zentrale Informationen herauszuarbeiten und anzugeben. Es ergeben sich jedoch weitere Herausforderungen: Die KI neigt dazu, sich in wiederholten Durchläufen vorrangig auf diese Schwerpunkte zu konzentrieren und andere Teile der Arbeit überhaupt nicht mehr zu erwähnen, unbemerkt zusätzliche, nicht überprüfte Informationen einfließen zu lassen, Fehlinterpretationen oder Auslassungen vorzunehmen. Bei der Eingabe großer Textmengen kann sich die entsprechende Überarbeitung als aufwendiger erweisen, als wenn man selbst die Zusammenfassung oder Einleitung schreibt.

Eine effektive Alternative besteht darin, die wichtigsten Punkte aus dem fertigen Hauptteil grob herauszuarbeiten und diese der KI-Anwendung in Form von Bullet Points zur Verarbeitung zu übergeben. Als Prompt könnte dies folgendermaßen aussehen:

Ich schreibe eine Hausarbeit zu [Thema]. *Meine Hauptargumente sind:* [Bullet Points]. *Bitte erstelle mir eine Zusammenfassung für diese Hausarbeit.*

Diese Methode ermöglicht eine präzisere Steuerung der Inhalte, die in die Zusammenfassung einfließen sollen, und erleichtert das anschließende Korrekturlesen. Durch diese Vorarbeit wird der Korrekturprozess beschleunigt und die KI effizient genutzt, während die Kontrolle über den Prozess erhalten bleibt.

Eine weitere Strategie besteht darin, signifikante Textabschnitte direkt in die Anwendung einzuspeisen und diese als Basis für die Erstellung von Zusammenfassungen oder Einleitungen zu verwenden. Hierbei ist besonders darauf zu achten, dass der Zusammenhang zwischen den Textstellen gewahrt bleibt und durch den fehlenden Gesamtzusammenhang nichts verloren geht oder falsch interpretiert wird. Als Prompt könnte dies in folgender Weise formuliert werden:

Ich schreibe eine Hausarbeit zu [Thema] *Relevante Textpassagen sind:*

Zusammenhang [oder Behauptung]:

[Zitat der eigenen Gedanken aus der Hausarbeit]

Weitere Erkenntnisse:

[Zitat der eigenen Gedanken aus der Hausarbeit]

[Zitat der eigenen Gedanken aus der Hausarbeit]

[Zitat der eigenen Gedanken aus der Hausarbeit]

These:

[Zitat der eigenen Gedanken aus der Hausarbeit]

Schlussfolgerung:

[Zitat der eigenen Gedanken aus der Hausarbeit]

Bitte schreibe mir eine Zusammenfassung für diese Hausarbeit.

Auffällig ist jedoch, dass vielfach die zusammenfassenden Textabschnitte in Tiefgang und Abstraktion nicht wesentlich über anfängliche Einführungen in die Themen hinausgehen. Es bedarf also sehr guter Vorlagen, also Eingaben durch Studierende, um hier gehaltvolle Antworten zu erzielen.

In seltenen Fällen wird von Hochschulen verlangt, dass mit der Hausarbeit auch ein **Abstract,** eine Kurzzusammenfassung, als formaler Bestandteil eingereicht werden soll. Dieses spezielle Textformat kann mittels KI unter Vorgabe einer spezifischen Wortanzahl auf Basis eines ausführlichen Textes generiert werden (Del Giglio und da Costa 2023; Salvagno et al. 2023).

Dafür könnte es sinnvoll sein, sich zunächst die einzelnen Komponenten eines Abstracts auflisten zu lassen, um dann entweder eigene Bullet Points oder ausgewählte Textpassagen in anschließenden Prompts nachzuliefern.

Hilfreiche Prompts könnte dann wie folgt lauten:

- *Welchen Zeichenumfang hat ein Abstract üblicherweise?*
- *Welche Bestandteile gehören zu einem Abstract?*
- *Bitte fasse die wichtigsten Inhalte für* [Bestandteil] *eines Abstracts aus* [Bullet Points/signifikante Textstellen] *zusammen.*

Dem Prompt kann auch ein bestehender Abstract einer anderen Arbeit als Beispiel hinzugefügt werden, an der die KI sich orientieren soll.

Die von KI generierten einleitenden und zusammenfassenden Formulierungen müssen nachträglich von den Studierenden als den Expert*innen des gesamten Textes überprüft und korrigiert werden, um mögliche Fehler zu berichtigen (Del Giglio und da Costa 2023). Es braucht das Fachwissen von Menschen, ihre Fähigkeit zur kritischen Beurteilung und ihre Persönlichkeit, um wissenschaftliche Erkenntnisse zu gewinnen. Dies gilt insbesondere für den Fall, dass der Schlussteil der Hausarbeit über eine Zusammenfassung und Diskussion der Ergebnisse hinausgehen und ein Fazit mit Beantwortung der Untersuchungsfrage und einen Ausblick auf mögliche zukünftige Entwicklungen liefern soll.

Künstliche Intelligenz kann nur mit den Daten arbeiten, die ihr gegeben werden, und kann deshalb nicht eigenständig kritisch denken (Salvagno et al. 2023). Die Verantwortung für den endgültigen Inhalt liegt letztlich beim Menschen, der die KI lediglich als Hilfsmittel für das Verfassen von Zusammenfassungen, Umformulierungen oder Einleitungen nutzen sollte, ohne sich vollständig auf die automatisch erzeugten Texte zu verlassen (Del Giglio und da Costa 2023; Salvagno et al. 2023).

4.3.3 Formulierungen verfeinern

Der Prozess der finalen Überarbeitung einer Hausarbeit umfasst hauptsächlich die sprachliche Korrektur, was sowohl Rechtschreibung und Grammatik als auch

Textfluss und Stil umfasst. Künstliche Intelligenz kann auch in dieser Phase zur Verbesserung der Textqualität genutzt werden.

Rechtschreibung und Grammatik können KI-Anwendungen wie Grammarly oder Paperpal überprüfen. Diese Tools identifizieren Fehler und bieten Änderungsvorschläge an. Die Struktur und der Inhalt des Textes werden dabei nicht verändert. Dies gewährleistet, dass der ursprüngliche Gedankenfluss des Verfassers erhalten bleibt (Del Giglio und da Costa 2023). Auch das Tool Rytr ist in der Lage, diese Prüfung vorzunehmen (Meier und unbekanntes KI-Modell 2023). ChatGPT und andere KI-Anwendungen sind jedoch nicht frei von Fehlern, insbesondere im Bereich der Kommasetzung können Probleme auftreten und werden auch bei wiederholten Versuchen nicht behoben.

Für die **Umformulierung** von Texten bietet sich der Einsatz von KI-Anwendungen wie ChatGPT ebenfalls an. Der zu ändernde Text wird in die Anwendung eingefügt. Anschließend können die Nutzenden spezifische Anweisungen zur Art der Umformulierung geben, beispielsweise die Vereinfachung der Sprache oder eine formellere Ausdrucksweise anfordern. Nach einer ersten Umformulierung besteht zudem die Möglichkeit, weitere Modifikationen zu verlangen, wie etwa eine noch einfachere Satzstruktur oder eine weniger starke Vereinfachung des Textes, sollte dies erforderlich sein. Prompts dazu könnten folgendermaßen aussehen:

Bitte formuliere den folgenden Text in eine sachlichere, wissenschaftlichere Sprache um: [Text].

Das Ergebnis besser nachvollziehen kann man mit einem sich daran anschließenden Prompt:

Bitte hilf mir zu verstehen, welche Änderungen du warum an dem Text vorgenommen hast, um ihn sachlicher und wissenschaftlicher zu machen!

Lesbarkeit, Verständlichkeit und Textfluss können auf verschiedene Arten verbessert werden. Für umfangreichere Korrekturen kann auf Tools wie ChatGPT zurückgegriffen werden, welche nicht nur Grammatik und Rechtschreibung bis zu einem gewissen Grad mit den genannten Einschränkungen verbessern können, sondern auch fähig sind, Textsegmente umzuschreiben und zu kürzen. Auch die bereits in Abschn. 3.3.2 erwähnten Zwischenüberschriften können Lesenden zusätzliche Orientierung bieten und mit KI erstellt werden. Bei allen derartigen

Eingriffen, besonders beim Entfernen überflüssiger Textstellen, besteht die Herausforderung darin, dass die ursprüngliche Bedeutung und Intention des Textes gewahrt bleiben. (Del Giglio und da Costa 2023; Salvagno et al. 2023).

In Bezug auf den eigenen wissenschaftlichen **Stil** gilt: Sowohl die eigenen Erkenntnisse als auch die individuelle Art, diese auszudrücken, sollen zur Geltung kommen. Je nach Wissenschaft zählt die Fähigkeit, die eigenen Erkenntnisse auszudrücken, ebenso zu den Kernkompetenzen, die im Studium erworben und durch eine Hausarbeit unter Beweis gestellt werden sollen. Daher könnte hier bei den Prompts bewusst darauf abgezielt werden, nach sprachlicher Verständlichkeit zu fragen, ohne dass der eigene Stil verändert wird.

Und auch hier gilt wiederum, dass die Verfassenden sich bewusst machen müssen, dass trotz des Einsatzes von KI die finale Verantwortung für den Inhalt, Sprache, Stil und Form nach den Vorschlägen und Korrekturen durch KI-Tools weiterhin bei ihnen liegt und die von der KI-Anwendung ausgegebenen Texte einer weiteren, menschlichen, Überarbeitung bedürfen (Del Giglio und da Costa 2023, Salvagno et al. 2023).

> **Fragen**
>
> *Was fällt Dir in dieser Phase einer Hausarbeit leicht oder schwer? Welche der vorgestellten Prompts könnten Dir helfen?*
>
> *Führe mit einem KI-Tool einen sokratischen Dialog zu einem beliebigen Thema durch!*
>
> *Überlege Dir eigene Prompts bzw. wie Du vorgehen würdest – eine Strategie (Anregungen hierzu findest Du in Abschn. 2.2 zum Prompt Engineering)!*
>
> *Für welche Änderungen an Deinem Text findest Du die Verwendung von KI vertretbar?*

Fazit 5

Friedrich Figge und Kirsten Darby

Die Verwendung von KI zur Erstellung von Hausarbeiten birgt Chancen und Risiken in sich und steht im Spannungsfeld zwischen ethischer Haltung und pragmatischem Handeln.

Die Chancen bestehen darin, umfassender und komplexer arbeiten zu können und dabei zugleich Zeit und Aufwand einzusparen. Dafür bedarf es aber sowohl eines Vorwissens im Umgang mit KI sowie eines Problembewusstseins und eines kritischen sowie reflektierten Umgangs mit ihr. Noch stärker als in den Ergebnissen zeigen sich die Chancen im Erwerb von Kompetenzen. Diese können unproblematisch in den Bereichen erworben werden, in denen bereits vor der Einführung von KI-Tools die Verwendung von Hilfsmitteln bei der Erstellung einer Hausarbeit unbedenklich war. Der Einsatz von KI ermöglicht eine Individualisierung der Unterstützung dort, wo eigene Schwächen angegangen werden sollen, sei es die Angst vor dem weißen Blatt oder seien es sprachliche Hürden für zum Beispiel Nicht-Muttersprachler*innen. Dafür ist eine offene Diskussion mit allen Beteiligten nicht nur wünschenswert, sondern gänzlich unabdingbar.

Dieser konstruktive Austausch ist auch deshalb notwendig, um den Risiken der Verwendung in rechtlichen und ethischen Fragen des Missbrauchs, Urheberrechts, Datenschutzes und den Nutzungsbedingungen der Anbieter von KI-Tools

F. Figge
Leipzig, Deutschland

K. Darby (✉)
Hannover, Deutschland
E-Mail: kirsten.darby@posteo.de

© Der/die Autor(en), exklusiv lizenziert an Springer Fachmedien Wiesbaden GmbH, ein Teil von Springer Nature 2025
F. Figge und K. Darby, *Studentische Hausarbeiten mit KI meistern*, https://doi.org/10.1007/978-3-658-48947-2_5

zu begegnen. Zentral sind Einigungen und Regeln an der Hochschule zur Verwendung von KI im Hinblick auf Eigenständigkeit, Transparenz, Chancengleichheit sowie Freiheit der Lehre, wobei hier in der Praxis noch Erfahrungswerte fehlen. Ohne das Einverständnis durch Prüfende für debattierbare Bereiche – und diese werden von Fachbereich zu Fachbereich unterschiedlich sein – liegt ein Täuschungsversuch vor. Ohne die Kenntlichmachung der Verwendung wird wissenschaftliche Integrität, Redlichkeit und Nachvollziehbarkeit unterwandert. Ohne ausreichendes Problembewusstsein bezüglich der Datenbasis und bezüglich der Möglichkeit der unvollständigen, falschen und verzerrten Aussagen im Output werden Erkenntnisgewinn, Vertrauen und Genauigkeit nicht ermöglicht. Die genannten Probleme sollten jedoch nicht dazu führen, die Verwendung von KI im Zusammenhang von Hochschulen zu verbieten, sondern alle Beteiligten zur sachgemäßen Nutzung zu ermächtigen.

▶ Zentral sind Einigungen und Regeln an der Hochschule zur Verwendung von KI. Ohne das Einverständnis durch Prüfende für debattierbare Bereiche liegt ein Täuschungsversuch vor!

Die Kompetenzen bleiben im Großen und Ganzen dieselben wie bei der konventionellen Erstellung einer Hausarbeit. Die klassischen Arbeitsschritte:

- ein Thema wählen,
- Untersuchungsfragen und Hypothesen formulieren,
- Literatur recherchieren,
- Material sowie Inhalte organisieren,
- Gelesenes verstehen und
- eigene Gedanken wissenschaftlich formulieren,

werden gezielt durch die Zuhilfenahme von KI-Tools ergänzt. KI kann Studierenden den Wissenserwerb, bei dem Informationen in das eigene Gehirn aufgenommen und dort individuell verarbeitet werden, nicht abnehmen. Neuartig im Kompetenzkatalog ist, die KI-Tools und deren Daten zu kennen, die Eingabe in Form von Prompts zu beherrschen und den Output bewerten zu können.

Es ist wichtig, ein Verständnis für die potenziellen Probleme und inhärenten Beschränkungen bei der Anwendung von KI zu entwickeln, wie zum Beispiel systematische Vorurteile und Annahmen in den Trainingsdaten, um diese bei der Auswahl eines geeigneten Tools oder durch unterschiedliche Perspektiven bewusst zu vermeiden. Die Kernkompetenz im Umgang mit KI-Tools, nämlich Prompts präzise und klar strukturiert zu formulieren, kann erworben und

5 Fazit

trainiert werden. Dabei geht es vor allem darum, die Bausteine der Anweisungen wie Kontexte, Rollen und Aufgaben sowie Techniken und Prinzipien des Promptens zu kennen und im Hinblick auf die Antwortqualität steuern zu können. Die Zusammenhänge zwischen Prompt-Eingabe und generierter Ausgabe müssen durch wiederholtes Probieren erfasst werden. Die letzte Herausforderung besteht darin, ungenaue und falsche Ergebnisse von KI-Tools trotz ihrer scheinbaren Plausibilität und Nachvollziehbarkeit zu erkennen. Die KI kann keine Fakten liefern, sondern lediglich Text erzeugen, der in seiner Wortfolge wahrscheinlich ist. Eine KI mit Verantwortung, sogenannt responsible AI, ist erst noch in der Entwicklung. Die gründliche Überprüfung der KI-Ergebnisse ist demnach von entscheidender Bedeutung. Die Integration von KI im Prozess der Erstellung von Hausarbeiten bedarf einer durchdachten Methodik, damit der Mehrwert der Technologie zur Geltung kommt. Weitere Kompetenzen sind, die Vorteile von KI realistisch einschätzen, die Vielzahl an rechtlichen, ethischen, technischen und auch ökologischen Problemen angemessen adressieren zu können und die eigene Leistung und den eigenen Stil beizubehalten.

▶ Die KI kann keine Fakten liefern, sondern lediglich Text erzeugen, der in seiner Wortfolge wahrscheinlich ist.

Als Fazit können folgende Schlussfolgerungen gezogen werden: KI stellt keine einfache, schnelle und gute Lösung zur Erstellung von Hausarbeiten dar. Die Beantwortung der Frage, ob KI-Tools dies leisten können, ist komplex. Sicherlich beeindruckt mitunter die Geschwindigkeit und die Breite des Antwortspektrums von KI-generierten Antworten. Für einige Arbeitsschritte sind allgemeine KI-Content-Generatoren wie ChatGPT aufgrund von mangelnder Zuverlässigkeit keine angemessene Wahl; spezialisierte Tools eignen sich für bestimmte Aufgaben besser. Eine gesamte Hausarbeit mit KI zu schreiben ist nach derzeitigem Stand weder uneingeschränkt möglich noch erlaubt, noch bezüglich der Qualität empfehlenswert. Es muss alles geprüft und für alles Verantwortung übernommen werden. KI bringt auf den Weg, bringt aber auch vom Weg ab. Dabei besteht die Frage, ob auf diese Weise tatsächlich effizienter gearbeitet werden kann. Die Verifizierung von Ergebnissen zum Beispiel gestaltet sich viel umfangreicher als bei konventionellen wissenschaftlichen Medien. Es bedarf, wie bereits erwähnt, der Vorarbeit, eines Vorwissens und einiger Kompetenzen im Umgang mit KI. Diese ist zudem generell nicht in der Lage, den eigenen Output zu verstehen, kritisch zu hinterfragen oder in größere Zusammenhänge einzuordnen und somit weiterführende Erkenntnisse zu gewinnen. Daher brauchen Studierende nicht nur fachliches Wissen, um den Output bewerten zu können, sondern darüber hinaus eine schöpferische Geisteskraft, um über die sinnvolle Aneinanderreihung von Wörtern hinauszugehen. Nur durch das Schöpferische und den individuellen Stil kann etwas Eigenes entwickelt und ausgedrückt werden.

Einen großen Eigenanteil bei der Erstellung einer Hausarbeit zu leisten und die Verantwortung für die mit KI-generierten Inhalte zu behalten, also möglichst viel selbst zu machen, hat eine höhere Qualität zur Folge und ermöglicht erst den eigenen Erkenntnisgewinn und Wissenserwerb. Noch wichtiger ist jedoch, dass bislang nur der Mensch über die Leistung von KI hinausgehen kann. Die KI erzeugt Inhalte, die gelungen klingen, jedoch vielfach sehr oberflächlich bleiben. Es fehlt an Substanz, an Tiefgang, an Abstraktion, an Transferleistungen. Ähnlich wie bei der Bilderkennung, wo das menschliche Gehirn problemlos Objekte, die gedreht oder vor einem gemusterten Hintergrund zu sehen sind, identifizieren kann, so kann der Mensch Ideen und Konzepte, Kontexte und Absichten wie ein Muster in Texten erkennen, was bislang auch durch lernende Maschine nicht abgebildet und nachgeahmt werden kann. In diesem Sinne ist der Begriff „Künstliche Intelligenz" auch irreführend, da er suggeriert, dass eine Maschine im ursprünglichen Sinne des Wortes etwas einsieht und versteht. Dem ist aber nicht so. Studierende hingegen können die Inhalte im Kontext erfassen und in ihrer Tiefe verstehen. Nur auf diese Weise besteht die Möglichkeit, etwas Sinn- und Bedeutungsvolles zu erschaffen, etwas Eigenes, etwas mit Wahrhaftigkeit. Vor diesem Hintergrund müssen auch Begriffe wie Originalität, Kreativität und Serendipität neu diskutiert werden, ob sie sich auf den Output von KI beziehen können. KI ist schlussendlich weder ein Partner, mit dem man zusammenarbeitet, noch ein Roboter, der den kompletten Arbeitsaufwand übernimmt, sondern ein Werkzeug, dass mit Verstand, Praxis und Weisheit einzusetzen ist und mit welchem man in Symbiose arbeiten kann.

In der Wissenschaft wird KI bereits in vielen Zusammenhängen eingesetzt, daher gehört die Verwendung entsprechender Tools auch in die akademische Ausbildung, besonders, um den grundlegenden Misskonzepten zu begegnen, die im vorwissenschaftlichen Alltag kursieren. Es wird in der Wissenschaft diskutiert, ob die Kompetenzen im Umgang mit KI in sich als KI-Kompetenz eigenständig sind oder ob diese sich aus anderen Kompetenzen zusammensetzen. Unabhängig davon, wie dies zukünftig eingeordnet werden wird, haben die gebündelten Kompetenzen Auswirkungen auf den Output, auf generierte Ergebnisse. Deshalb müssen diese Kompetenzen auch zur Chancengleichheit bereits in der akademischen Ausbildung geschult werden, damit etwaige Ungleichheiten sich eventuell nicht noch verstärken. Es geht nicht zuletzt um eine Demokratisierung des KI-Wissens. Es eröffnen sich unterschiedliche Ebenen der Inklusion, nicht zuletzt auch finanziell, wenn Hochschulen KI-Tools lizenzieren, und der Fokus kann sich

5 Fazit

noch stärker von formalen auf inhaltliche Aspekte der Auseinandersetzung verlagern. Bezüglich der Verwendung von KI in der akademischen Ausbildung stehen jedoch auch noch vergleichende Studien aus hinsichtlich der Nachhaltigkeit von Lernergebnissen, die ohne oder mit KI-Tools erzielt wurden.

Sicherlich kann die zunehmende Verwendung von KI-Tools auch demotivierend wirken: Warum sollen sich Studierende noch Themen widmen, lernen und Ideen formulieren, wenn KI alles (besser) kann. Eine erste Antwort ist, dass mit KI auch das Selbstvertrauen gestärkt werden kann, indem Einsichten gewonnen werden über die eigenen bereits vorhandenen Kompetenzen, dass klar wird, wo die eigenen Stärken liegen, und was ohne KI gut bewältigt werden kann. Wo dies nicht der Fall ist, kann KI verwendet werden, um etwas zu lernen und sich zu verbessern. Eine darüberhinausgehende Antwort ist, dass die eingehende Auseinandersetzung mit KI ganz deutlich zeigt, wie bereits mehrfach ausgeführt, was und vor allem wie viel die KI eben überhaupt nicht besser kann und vermutlich auch auf absehbare Zeit nicht können wird, weil ihre Beschränkungen ein inhärentes Problem des Rechnens mit Wahrscheinlichkeiten sind. Für Personen mit bereits vorhandener Expertise zeigen sich die Defizite schneller und deutlicher, sie können die Probleme im Output der KI auch einfacher identifizieren. Überzeugende Formulierungen machen es schwieriger, Fehler zu entdecken. Das Paradox besteht somit darin, dass Experten eventuell weniger eines KI-Tools bedürfen und sich ihre Unabhängigkeit von ihnen leichter bewahren können. Eine Abhängigkeit von KI beim Erstellen von Hausarbeiten birgt das Potenzial, die persönliche Schreibfähigkeit zu hemmen. Die Frage steht im Raum, ob sich durch die Verwendung von KI-Tools die Fähigkeiten verringern, kritisch zu denken und selbst Texte zu verfassen. Was die Verwendung von KI-Tools für unterschiedliche Zielgruppen an Implikationen und vor allem für Effekte hat, auch in der psychischen Dimension, bleibt noch abzuwarten und zu untersuchen. Bis auf Weiteres ist jeder Einzelne gut beraten, KI-Tools als reines Hilfsmittel anzusehen, als Unterstützung für den menschlichen Untersuchungsprozess, nicht aber als Ersatz. Evaluation bleibt eine menschliche Kompetenz mit zentraler Bedeutung des eigenen Wissens und analytisch-kritischen Denkens.

Im Hinblick auf die zunehmende Bedeutung von Praktiken der Nachhaltigkeit ist es angebracht, KI nur so viel zu benutzen, wie es benötigt wird: es ist empfehlenswert, vorab oder im Prozess des Schreibens die eigenen Schwächen herauszufinden und KI gezielt dafür einzusetzen und sich auf diese Weise von KI helfen zu lassen. Idealerweise probiert man einige Tools aus, sammelt eigene Erfahrungen und wählt gezielt für die eigenen Bedarfe ein adäquates Tool aus. Somit wird die Verwendung auf das Nötigste reduziert.

Wünschenswert wäre, dass sich mit Einführung und Nutzung von KI in der akademischen Ausbildung der Schwerpunkt verlagert von der Orientierung des Ableistens von Prüfungen hin zu begeistertem Ausprobieren, zum Lernen auf Augenhöhe und fürs Leben. Mithilfe von KI könnten Studierende zu Experten gegenüber einer Maschine werden und sich selbst somit nicht als Objekt der Ausbildung verstehen, sondern als beseeltes Subjekt, das über den seelenlosen Werkzeugen steht.

Literatur

Adeyanju, I. A.; Bello, O. O.; Adegboye, M. A. (2021): Machine learning methods for sign language recognition: A critical review and analysis. In: Intelligent Systems with Applications 12, S. 200056. https://doi.org/10.1016/j.iswa.2021.200056.

Alqahtani, Tariq; Badreldin, Hisham A.; Alrashed, Mohammed; Alshaya, Abdulrahman I.; Alghamdi, Sahar S.; Bin Saleh, Khalid et al. (2023): The emergent role of artificial intelligence, natural learning processing, and large language models in higher education and research. In: Research in social & administrative pharmacy: RSAP 19 (8), S. 1236–1242. https://doi.org/10.1016/j.sapharm.2023.05.016.

Alston, Elena (2023): What are AI hallucinations and how do you prevent them? Here´s how to encourage AI to stop hallucinating. In: Zapier, 05.04.2023. Online verfügbar unter https://zapier.com/blog/ai-hallucinations/, zuletzt geprüft am 14.05.2024.

Arai, Kohei (Hg.) (2023): Proceedings of the Future Technologies Conference (FTC) 2023, Volume 1. 1st ed. 2023. Cham: Springer Nature Switzerland; Imprint: Springer (Lecture Notes in Networks and Systems, 813).

Bäcker, Kerstin (2024): KI- und jetzt? Rechtliche Kriterien zur Auswahl von KI-Tools. In: DIGITAL PUBLISHING REPORT eLearning 2024, 41–45.

Bang, Yejin; Cahyawijaya, Samuel; Lee, Nayeon; Dai, Wenliang; Su, Dan; Wilie, Bryan et al. (2023): A Multitask, Multilingual, Multimodal Evaluation of ChatGPT on Reasoning, Hallucination, and Interactivity. Online verfügbar unter http://arxiv.org/pdf/2302.04023.

Basystiuk, Oleh; Shakhovska, Natalya; Bilynska, Violetta; Syvokon, Oleksij; Shamuratov, Oleksii; Kuchkovskiy, Volodymyr (2021): The Developing of the System for Automatic Audio to Text Conversion. Online verfügbar unter https://ceur-ws.org/Vol-2824/paper1.pdf, zuletzt geprüft am 10.05.2024.

Bax, Eric; Gerber, Melissa; Giaffo, Lisa; Sarkar, Arundhyoti; Thompson, Nikki; Wagner, Will; Williams, Kimberly (2023): Generative AI: Citations for Trust and Consensus. In: Kohei Arai (Hg.): Proceedings of the Future Technologies Conference (FTC) 2023, Volume 1, Bd. 813. 1st ed. 2023. Cham: Springer Nature Switzerland; Imprint: Springer (Lecture Notes in Networks and Systems, 813), S. 188–195.

Becker, Jenifer (2024): Können Chatbots Romane schreiben? Der Einfluss von KI auf kreatives Schreiben und Erzählen. In: Gerhard Schreiber und Lukas Ohly (Hg.): KI:Text. Diskurse über KI-Textgeneratoren. Berlin/Boston: De Gruyter, S. 83–100.

Behera, Prashanta Kumar; Jain, Sanmati Jinendran; Kumar, Ashok (2024): View of Visual Exploration of Literature Using Connected Papers: A Practical Approach. Online verfügbar unter https://journals.library.ualberta.ca/istl/index.php/istl/article/view/2760/2736, zuletzt geprüft am 09.05.2024.

Botsch, Benny (2023): Maschinelles Lernen – Grundlagen und Anwendungen. Mit Beispielen in Python. 1st ed. 2023. Berlin, Heidelberg: Springer Berlin Heidelberg; Imprint: Springer Spektrum.

Bucher, Ulrich; Holzweißig, Kai; Schwarzer, Markus (2024): Künstliche Intelligenz und wissenschaftliches Arbeiten. ChatGPT & Co.: Der Turbo für ein erfolgreiches Studium. München: Verlag Franz Vahlen.

Buitrago-Esquinas, Eva M.; Puig-Cabrera, Miguel; Santos, José António C.; Custódio-Santos, Margarida; Yñiguez-Ovando, Rocío (2024): Developing a hetero-intelligence methodological framework for sustainable policy-making based on the assessment of large language models. In: MethodsX 12, S. 102707. https://doi.org/10.1016/j.mex.2024.102707.

Bundesministerium für Bildung, Wissenschaft und Forschung (BMBWF) (2023): Die Verwendung KI-basierter Tools beim Erstellen abschließender Arbeiten – Potenziale, Risiken und beurteilungsrelevante Aspekte. Informationen für Betreuer/innen abschließender Arbeiten an AHS und BMHS.

Carl, Marie-Theres; Hagen, Josefin; Janßen, Lasse; Lüder, Lisa: Wissenschaftliches Schreiben mit KI – Rahmenbedingungen und Möglichkeiten für Studierende. (Studentische Arbeit).

Chan, Cecilia Ka Yuk; Hu, Wenjie (2023): Students' voices on generative AI: perceptions, benefits, and challenges in higher education. In: Int J Educ Technol High Educ 20 (1). https://doi.org/10.1186/s41239-023-00411-8.

Chubb, Jennifer; Cowling, Peter; Reed, Darren (2022): Speeding up to keep up: exploring the use of AI in the research process. In: AI & society 37 (4), S. 1439–1457. https://doi.org/10.1007/s00146-021-01259-0.

Dang, Hai; Mecke, Lukas; Lehmann, Florian; Goller, Sven; Buschek, Daniel (2022): How to Prompt? Opportunities and Challenges of Zero- and Few-Shot Learning for Human-AI Interaction in Creative Applications of Generative Models. Online verfügbar unter http://arxiv.org/pdf/2209.01390.

Datenethikkommission der Bundesregierung (Hg.) (2019): Gutachten der Datenethikkommission. Berlin. Online verfügbar unter https://www.bmi.bund.de/SharedDocs/downloads/DE/publikationen/themen/it-digitalpolitik/gutachten-datenethikkommission.pdf;jsessionid=8203B147361DAB7B5B78D2B4AB582418.live861?__blob=publicationFile&v=7, zuletzt geprüft am 10.05.2024.

Davoudian, Ali; Liu, Mengchi (2021): Big Data Systems: A Software Engineering Perspective. In: ACM Comput. Surv. 53 (5), S. 1–39. https://doi.org/10.1145/3408314.

Del Giglio, Auro; Da Costa, Mateus Uerlei Pereira (2023): The use of artificial intelligence to improve the scientific writing of non-native english speakers. In: Revista da Associacao Medica Brasileira (1992) 69 (9), e20230560. https://doi.org/10.1590/1806-9282.20230560.

Dergaa, Ismail; Chamari, Karim; Zmijewski, Piotr; Ben Saad, Helmi (2023): From human writing to artificial intelligence generated text: examining the prospects and potential threats of ChatGPT in academic writing. In: Biology of sport 40 (2), S. 615–622. https://doi.org/10.5114/biolsport.2023.125623.

Dziri, Nouha; Milton, Sivan; Yu, Mo; Zaiane, Osmar; Reddy, Siva (2022): On the Origin of Hallucinations in Conversational Models: Is it the Datasets or the Models? Online verfügbar unter http://arxiv.org/pdf/2204.07931.

Ekin, Sabit (2023): Prompt Engineering For ChatGPT: A Quick Guide To Techniques, Tips, And Best Practices.

Federal Office for Information Security (BSI) (o. J.): Artificial Intelligence – bringing you closer to the technology. Online verfügbar unter https://www.bsi.bund.de/dok/12776368, zuletzt geprüft am 07.05.2024.

Fitria, Tira Nur (2023): ProWritingAid-as-AI-Powered-Writing-Tools-The-Performance-in-Checking-Grammar-and-Spelling-of-Students-Writing. Online verfügbar unter https://www.researchgate.net/profile/Tira-Nur-Fitria/publication/376229028_ProWritingAid_as_AI-Powered_Writing_Tools_The_Performance_in_Checking_Grammar_and_Spelling_of_Students%27_Writing/links/656f362c538b163ec4b463f0/ProWritingAid-as-AI-Powered-Writing-Tools-The-Performance-in-Checking-Grammar-and-Spelling-of-Students-Writing.pdf, zuletzt geprüft am 07.05.2024.

Fu, Tsu-Jui; Wang, William Yang; McDuff, Daniel; Song, Yale (2022): DOC2PPT: Automatic Presentation Slides Generation from Scientific Documents. In: AAAI 36 (1), S. 634–642. https://doi.org/10.1609/aaai.v36i1.19943.

Gallegos, Isabel O.; Rossi, Ryan A.; Barrow, Joe; Tanjim, Md Mehrab; Kim, Sungchul; Dernoncourt, Franck et al. (2023): Bias and Fairness in Large Language Models: A Survey. Online verfügbar unter http://arxiv.org/pdf/2309.00770.

Gao, Andrew (2023): Prompt Engineering for Large Language Models. In: SSRN Journal. https://doi.org/10.2139/ssrn.4504303.

Gilardi, Fabrizio; Alizadeh, Meysam; Kubli, Maël (2023): ChatGPT outperforms crowd workers for text-annotation tasks. In: Proceedings of the National Academy of Sciences of the United States of America 120 (30), e2305016120. https://doi.org/10.1073/pnas.2305016120.

Giray, Louie (2023): Prompt Engineering with ChatGPT: A Guide for Academic Writers. In: Annals of biomedical engineering 51 (12), S. 2629–2633. https://doi.org/10.1007/s10439-023-03272-4.

Gladd, Joel (2020): How Large Language Models (LLMs) like ChatGPT Work: MSL Academic Endeavors (Write What Matters). Online verfügbar unter https://idaho.pressbooks.pub/write/chapter/how-large-language-models-llms-like-chatgpt-work/, zuletzt geprüft am 10.05.2024.

Gunjal, Anisha; Yin, Jihan; Bas, Erhan (2023): Detecting and Preventing Hallucinations in Large Vision Language Models. Online verfügbar unter http://arxiv.org/pdf/2308.06394.

Haar, Markus; Sonntagbauer, Michael; Kluge, Stefan (2024): Stellenwert von Natural Language Processing und chatbasierten Generative Language Models. In: Medizinische Klinik, Intensivmedizin und Notfallmedizin 119 (3), S. 181–188. https://doi.org/10.1007/s00063-023-01098-5.

Hartmann, Florian G. (2015): Hypothesen Testen. Eine Einführung für Bachelorstudierende sozialwissenschaftlicher Fächer. [Wiesbaden]: Springer Gabler (SpringerLink Bücher).

Hattenhauer, Rainer (2023): Das Computerlexikon für Einsteiger. Computer, Internet, Smartphone von A-Z. 3rd ed. Bonn: Rheinwerk Verlag. Online verfügbar unter https://ebookcentral.proquest.com/lib/kxp/detail.action?docID=7209244.

Heyduck, Stefanie Ruth (2021): Kollegin KI: Wie Medien von künstlicher Intelligenz profitieren können. Online verfügbar unter https://www.xplr-media.com/files/reports/XPLR-Report-Kollegin-KI.pdf?utm_campaign=XPLR_Reports&utm_medium=email&utm_content=140985951&utm_source=hs_automation, zuletzt geprüft am 11.05.2024.

Hochschul- und Landesbibliothek; Hochschule RheinMain (2024): Literaturrecherche mit KI-Tools. ChatGPT zur Recherchevorbereitung. Online verfügbar unter https://www.hs-rm.de/de/service/hochschul-und-landesbibliothek/suchen-finden/ki-tools#chatgpt-zur-recherchevorbereitung-132412, zuletzt geprüft am 10.05.2024.

Hochschul- und Landesbibliothek; Hochschule RheinMain (2024): Übersicht verschiedener KI-Tools für die Literaturrecherche, zuletzt geprüft am 06.05.2024.

Hoeren, Thomas (2023): Rechtsgutachten zum Umgang mit KI-Software im Hochschulkontext. In: Peter Salden und Jonas Leschke (Hg.): Didaktische und rechtliche Perspektiven auf KI-gestütztes Schreiben in der Hochschulbildung, S. 22–40.

Horn, Janine (2023): Rechtliche Aspekte des Einsatzes von KI in Studium, Lehre und Prüfung. Online verfügbar unter https://www.souveraenes-digitales-lehren-und-lernen.de/wp-content/uploads/2023/09/KI_Recht_14072023_V2.pdf, zuletzt geprüft am 12.06.2024.

HTWK Leipzig (2024): Empfehlungen zum Umgang mit KI-Tools in der Lehre. Muster einer Selbstständigkeitserklärung bei erlaubtem Einsatz von KI-Tools. Online verfügbar unter https://idll.htwk-leipzig.de/fileadmin/portal/htwk/hochschule/03_struktur_und_verwaltung/a_hochschulleitung/3_pb/ueber_den_prorektor_bildung/Hochschuldidaktik_/Selbsta%CC%88ndigkeitserkla%CC%88rung_KI_erlaubt.pdf, zuletzt geprüft am 11.05.2024.

HTWK Leipzig (2024): KI in Lehre und Prüfungen. Online verfügbar unter https://idll.htwk-leipzig.de/digital-distanzlehre/kuenstliche-intelligenz/ki-in-der-lehre, zuletzt geprüft am 07.05.2024.

Ji, Ziwei; Lee, Nayeon; Frieske, Rita; Yu, Tiezheng; Su, Dan; Xu, Yan et al. (2023): Survey of Hallucination in Natural Language Generation. In: ACM Comput. Surv. 55 (12), S. 1–38. https://doi.org/10.1145/3571730.

Kelleher, John D. (2019): Deep learning. Cambridge, Massachusetts, London: The MIT Press (The MIT press essential knowledge series).

Khlaif, Zuheir N.; Mousa, Allam; Hattab, Muayad Kamal; Itmazi, Jamil; Hassan, Amjad A.; Sanmugam, Mageswaran; Ayyoub, Abedalkarim (2023): The Potential and Concerns of Using AI in Scientific Research: ChatGPT Performance Evaluation. In: JMIR medical education 9, e47049. https://doi.org/10.2196/47049.

Klar, Maria; Schleiss, Johannes (2024): Künstliche Intelligenz im Kontext von Kompetenzen, Prüfungen und Lehr-Lern-Methoden. Alte und neue Gestaltungsfragen. In: MedienPädagogik 58, S. 41–57. https://doi.org/10.21240/mpaed/58/2024.03.24.X.

Klewer, Jörg (2022): Projekt-, Bachelor- und Masterarbeiten. Von der Themenfindung bis zur Fertigstellung. 2nd ed. 2022. Berlin, Heidelberg: Springer Berlin Heidelberg; Imprint: Springer (Springer eBook Collection).

Kojima, Takeshi; Gu, Shixiang Shane; Reid, Machel; Matsuo, Yutaka; Iwasawa, Yusuke (2022): Large Language Models are Zero-Shot Reasoners. Online verfügbar unter http://arxiv.org/pdf/2205.11916.

Kollmann, Tobias; Kuckertz, Andreas; Stöckmann, Christoph (Hg.) (2016): Das 1 x 1 des Wissenschaftlichen Arbeitens. Wiesbaden: Springer Fachmedien Wiesbaden.

Kong, Aobo; Zhao, Shiwan; Chen, Hao; Li, Qicheng; Qin, Yong; Sun, Ruiqi et al. (2023): Better Zero-Shot Reasoning with Role-Play Prompting. Online verfügbar unter http://arxiv.org/pdf/2308.07702.

Korzynski, Pawel; Mazurek, Grzegorz; Krzypkowska, Pamela; Kurasinski, Artur (2023): Artificial intelligence prompt engineering as a new digital competence: Analysis of generative AI technologies such as ChatGPT. In: EBER 11 (3), S. 25–37. https://doi.org/10.15678/EBER.2023.110302.

Kusunose, Kenya; Kashima, Shuichiro; Sata, Masataka (2023): Evaluation of the Accuracy of ChatGPT in Answering Clinical Questions on the Japanese Society of Hypertension Guidelines. In: Circulation journal : official journal of the Japanese Circulation Society 87 (7), S. 1030–1033. https://doi.org/10.1253/circj.CJ-23-0308.

LeCun, Yann; Bengio, Yoshua; Hinton, Geoffrey (2015): Deep learning (7553).

Lee, Ping Yein; Salim, Hani; Abdullah, Adina; Teo, Chin Hai (2023): Use of ChatGPT in medical research and scientific writing. In: Malaysian family physician : the official journal of the Academy of Family Physicians of Malaysia 18, S. 58. https://doi.org/10.51866/cm0006.

Lee, Raymond S. T. (2024): Natural Language Processing. A Textbook with Python Implementation. 1st ed. 2024. Singapore: Springer Nature Singapore; Imprint: Springer.

Li, Cheng; Wang, Jindong; Zhang, Yixuan; Zhu, Kaijie; Hou, Wenxin; Lian, Jianxun et al. (2023): Large Language Models Understand and Can be Enhanced by Emotional Stimuli. Online verfügbar unter http://arxiv.org/pdf/2307.11760.

Liddy, Elizabeth D. (2001): Natural Language Processing. Online verfügbar unter https://surface.syr.edu/cgi/viewcontent.cgi?article=1043&context=istpub, zuletzt geprüft am 10.05.2024.

Ligozat, Anne-Laure; Lefevre, Julien; Bugeau, Aurélie; Combaz, Jacques (2022): Unraveling the Hidden Environmental Impacts of AI Solutions for Environment Life Cycle Assessment of AI Solutions. In: Sustainability 14 (9), S. 5172. https://doi.org/10.3390/su14095172.

Lin, Zhicheng (2023): Why and how to embrace AI such as ChatGPT in your academic life. In: Royal Society open science 10 (8), S. 230658. https://doi.org/10.1098/rsos.230658.

Lingard, Lorelei (2023): Writing with ChatGPT: An Illustration of its Capacity, Limitations & Implications for Academic Writers. In: Perspectives on medical education 12 (1), S. 261–270. https://doi.org/10.5334/pme.1072.

Liu, Chen; Ali, Nor Liza (2022): Co-citation and Bibliographic Coupling Based on Connected Papers: Review of Public Opinion Research in a Broad Sense in the West. In: ASS 18 (7), S. 29. https://doi.org/10.5539/ass.v18n7p29.

Livberber, Tuba; Ayvaz, Süheyla (2023): The impact of Artificial Intelligence in academia: Views of Turkish academics on ChatGPT. In: Heliyon 9 (9), e19688. https://doi.org/10.1016/j.heliyon.2023.e19688.

Lo, Leo S. (2023): The CLEAR path: A framework for enhancing information literacy through prompt engineering. In: The Journal of Academic Librarianship 49 (4), S. 102720. https://doi.org/10.1016/j.acalib.2023.102720.

Lorenz, Sebastian (2022): Der Mythos vom Roboterjournalismus. Mensch oder Maschine? Software für die Textgenerierung hat gewaltige Fortschritte gemacht. Eine kritische Auseinandersetzung mit dem Begriff des Roboterjournalismus. In: DIGITAL PUBLISHING REPORT SONDERHEFT KI & PUBLISHING, 55–58.

Lehmann-Matthaei, Björn; Kraemer, Tim (2024): Virtuelles Kompetenzzentrum – Schreiben lehren und lernen mit Künstlicher Intelligenz: KI-Ressourcen I Virtuelles Kompetenzzentrum KI und wissenschaftliches Arbeiten. Online verfügbar unter https://www.vkkiwa.de/ki-ressourcen/, zuletzt geprüft am 07.03.2025.

Magubane, Nathi (2023): The hidden costs of AI: Impending energy and resource strain I Penn Today. Hg. v. University of Pennsylvania. Online verfügbar unter https://penntoday.upenn.edu/news/hidden-costs-ai-impending-energy-and-resource-strain, zuletzt aktualisiert am 13.05.2024, zuletzt geprüft am 13.05.2024.

Mehta, Pankaj; Wang, Ching-Hao; Day, Alexandre G. R.; Richardson, Clint; Bukov, Marin; Fisher, Charles K.; Schwab, David J. (2019): A high-bias, low-variance introduction to Machine Learning for physicists. In: Physics reports 810, S. 1–124. https://doi.org/10.1016/j.physrep.2019.03.001.

Meier, Steffen; unbekanntes KI-Modell (2023): Wo und wie kann KI Bibliotheken unterstützen? Einsatzszenarien und Tools. In: DIGITAL PUBLISHING REPORT Bibliotheken 2023, S. 7–11. Online verfügbar unter https://digital-publishing-report.de/wp-content/uploads/2023/11/dpr_spezial_bibliotheken_2023_2.pdf, zuletzt geprüft am 07.03.2025.

Mondal, Himel; Mondal, Shaikat (2023): ChatGPT in academic writing: Maximizing its benefits and minimizing the risks. In: Indian journal of ophthalmology 71 (12), S. 3600–3606. https://doi.org/10.4103/IJO.IJO_718_23.

Monteith, Scott; Glenn, Tasha; Geddes, John R.; Whybrow, Peter C.; Achtyes, Eric; Bauer, Michael (2024): Artificial intelligence and increasing misinformation. In: The British journal of psychiatry : the journal of mental science 224 (2), S. 33–35. https://doi.org/10.1192/bjp.2023.136.

Muktadir, Golam Md (2023): A Brief History of Prompt: Leveraging Language Models. (Through Advanced Prompting). Online verfügbar unter http://arxiv.org/pdf/2310.04438.

Navigli, Roberto; Conia, Simone; Ross, Björn (2023): Biases in Large Language Models: Origins, Inventory, and Discussion. In: J. Data and Information Quality 15 (2), S. 1–21. https://doi.org/10.1145/3597307.

Nguyen, Andy; Hong, Yvonne; Dang, Belle; Huang, Xiaoshan (2024): Human-AI collaboration patterns in AI-assisted academic writing. In: Studies in Higher Education, S. 1–18. https://doi.org/10.1080/03075079.2024.2323593.

Oehlrich, Marcus (2015): Wissenschaftliches Arbeiten und Schreiben. Schritt für Schritt zur Bachelor- und Master-Thesis in den Wirtschaftswissenschaften. Berlin, Heidelberg: Springer Gabler (SpringerLink Bücher). Online verfügbar unter https://link.springer.com/content/pdf/10.1007/978-3-662-44099-5.pdf, zuletzt geprüft am 10.05.2024.

Oertner, Monika (2024): ChatGPT als Recherchetool? Fehlertypologie, technische Ursachenanalyse und hochschuldidaktische Implikationen. In: Bibliotheksdienst 58 (5), S. 259–297. https://doi.org/10.1515/bd-2024-0042.

OpenAI (2024): FAQ. How should I set the temperature parameter? Online verfügbar unter https://platform.openai.com/docs/guides/text-generation/how-should-i-set-the-temperature-parameter, zuletzt geprüft am 10.05.2024.

Park, Dongmin; Qian, Zhaofang; Han, Guangxing; Lim, Ser-Nam (2024): Mitigating Dialogue Hallucination for Large Multi-modal Models via Adversarial Instruction Tuning. Online verfügbar unter http://arxiv.org/pdf/2403.10492.

Peeperkorn, Max; Kouwenhoven, Tom; Brown, Dan; Jordanous, Anna (2024): Is Temperature the Creativity Parameter of Large Language Models? Online verfügbar unter https://arxiv.org/pdf/2405.00492, zuletzt geprüft am 07.05.2024.

Reiss, Michael (2023): Testing the Reliability of ChatGPT for Text Annotation and Classification. Unter Mitarbeit von Open Science Framework. Online verfügbar unter https://arxiv.org/pdf/2304.11085, zuletzt geprüft am 07.05.2024.

Renze, Matthew; Guven, Erhan (2024): The Effect of Sampling Temperature on Problem Solving in Large Language Models. Online verfügbar unter http://arxiv.org/pdf/2402.05201.

Rybka, Janina: 13 hilfreiche ChatGPT-Plugins. Wie man Marketing-Tools um ChatGPT-Plugins erweitert. In: DIGITAL PUBLISHING REPORT Bibliotheken 2023, S. 12–15. Online verfügbar unter https://digital-publishing-report.de/wp-content/uploads/2023/11/dpr_spezial_bibliotheken_2023_2.pdf, zuletzt geprüft am 11.05.2024.

Salden, Peter; Leschke, Jonas (Hg.) (2023): Didaktische und rechtliche Perspektiven auf KI-gestütztes Schreiben in der Hochschulbildung. Online verfügbar unter https://hss-opus.ub.ruhr-uni-bochum.de/opus4/frontdoor/deliver/index/docId/9734/file/2023_03_06_Didaktik_Recht_KI_Hochschulbildung.pdf, zuletzt geprüft am 07.05.2024.

Salvagno, Michele; Taccone, Fabio Silvio; Gerli, Alberto Giovanni (2023): Can artificial intelligence help for scientific writing? In: Critical care (London, England) 27 (1), S. 75. https://doi.org/10.1186/s13054-023-04380-2.

Samek, Wojciech; Wiegand, Thomas; Müller, Klaus-Robert (2017): Explainable Artificial Intelligence: Understanding, Visualizing and Interpreting Deep Learning Models. Online verfügbar unter https://arxiv.org/pdf/1708.08296, zuletzt geprüft am 15.07.2024.

San-Segundo, Rubén; Montero, Juan M.; López-Ludeña, Verónica; King, Simon (2012): Detecting Acronyms from Capital Letter Sequences in Spanish. Online verfügbar unter https://www.cstr.ed.ac.uk/downloads/publications/2012/Thu-P10a-07.pdf, zuletzt geprüft am 13.05.2024.

Sasakawa, Takafumi; Hu, Jinglu; Hirasawa, Kotaro (2007): A brainlike learning system with supervised, unsupervised, and reinforcement learning. In: Electrical Engineering Japan 162 (1), S. 32–39. https://doi.org/10.1002/eej.20600.

Scheufen; Marc (2019): Die Bedeutung des Urheberrechts im Zeitalter Künstlicher Intelligenz. Online verfügbar unter https://www.econstor.eu/bitstream/10419/191622/1/1047535939.pdf, zuletzt geprüft am 07.05.2024.

Schmidt, Albrecht (Hg.) (2023): Proceedings of the 2023 CHI Conference on Human Factors in Computing Systems. Unter Mitarbeit von Kaisa Väänänen, Tesh Goyal, Per Ola Kristensson, Anicia Peters, Stefanie Mueller, Julie R. Williamson und Max L. Wilson. CHI '23: CHI Conference on Human Factors in Computing Systems. Hamburg Germany, 23 04 2023 28 04 2023. ACM Special Interest Group on Computer-Human Interaction; ACM SIGs. New York,NY,United States: Association for Computing Machinery (ACM Digital Library).

Schreiber, Gerhard; Ohly, Lukas (Hg.) (2024): KI:Text. Diskurse über KI-Textgeneratoren. Berlin/Boston: De Gruyter.

Sharifani, Koosha; Amini, Mahyar (2023): Machine Learning and Deep Learning: A Review of Methods and Applications. In: World Information Technology and Engineering Journal 10 (07).

Sohail, Shahab Saquib; Madsen, Dag Øivind; Himeur, Yassine; Ashraf, Maheen (2023): Using ChatGPT to navigate ambivalent and contradictory research findings on artificial intelligence. In: Frontiers in artificial intelligence 6, S. 1195797. https://doi.org/10.3389/frai.2023.1195797.

Sperl, Alexander (2024): KI-Tools für das wissenschaftliche Arbeiten. Hg. v. FernUniversität in Hagen. Online verfügbar unter https://www.fernuni-hagen.de/zli/blog/ki-tools-fuer-das-wissenschaftliche-arbeiten/, zuletzt geprüft am 10.05.2024.

Stokel-Walker, Chris (2023): ChatGPT listed as author on research papers: many scientists disapprove. In: Nature 613 (7945), S. 620–621. https://doi.org/10.1038/d41586-023-00107-z.

Suppadungsuk, Supawadee; Thongprayoon, Charat; Krisanapan, Pajaree; Tangpanithandee, Supawit; Garcia Valencia, Oscar; Miao, Jing et al. (2023): Examining the Validity of ChatGPT in Identifying Relevant Nephrology Literature: Findings and Implications. In: Journal of clinical medicine 12 (17). https://doi.org/10.3390/jcm12175550.

Tang, Arthur; Li, Kin-Kit; Kwok, Kin On; Cao, Liujiao; Luong, Stanley; Tam, Wilson (2024): The importance of transparency: Declaring the use of generative artificial intelligence (AI) in academic writing. In: Journal of nursing scholarship : an official publication of Sigma Theta Tau International Honor Society of Nursing 56 (2), S. 314–318. https://doi.org/10.1111/jnu.12938.

Thurm; Kiesel; Buck; Allgeyer; Korst; Hennecke; Horstmann (2023): KI-basierte Aufgaben für die Lehre. Online verfügbar unter https://www.uni-siegen.de/lwf/departments/psychologie/professuren/psychologische_diagnostik_und_differentielle_psychologie/files/ki_lehr_und_lernaufgaben.pdf, zuletzt geprüft am 03.06.2024.

Tian, Ran; Narayan, Shashi; Sellam, Thibault; Parikh, Ankur P. (2019): Sticking to the Facts: Confident Decoding for Faithful Data-to-Text Generation. Online verfügbar unter http://arxiv.org/pdf/1910.08684.

Torrecilla, José L.; Romo, Juan (2018): Data learning from big data. In: Statistics & Probability Letters 136, S. 15–19. https://doi.org/10.1016/j.spl.2018.02.038.

Universität Siegen (2024): KI-Tools – Portal Digitale Lehre. Literaturrecherche. Online verfügbar unter https://digitale-lehre.uni-siegen.de/wissensdatenbank/ki-tools/, zuletzt geprüft am 11.05.2024.

Universität Stuttgart (2023): Handreichung für Prüfende KI-Werkzeuge und Prüfungen, insbesondere unbeaufsichtigte, schriftliche Prüfungen wie Bachelor- und Masterarbeiten. Online verfügbar unter https://www.uni-stuttgart.de/universitaet/aktuelles/dokumente/handreichung-fuer-pruefende-KI-werkzeuge-und-pruefungen.pdf, zuletzt geprüft am 07.05.2024.

Velásquez-Henao, Juan David; Franco-Cardona, Carlos Jaime; Cadavid-Higuita, Lorena (2023): Prompt Engineering: a methodology for optimizing interactions with AI-Language Models in the field of engineering. In: DYNA 90 (230), S. 9–17. https://doi.org/10.15446/dyna.v90n230.111700.

Literatur

Verch, Ulrike (2024): Per Prompt zum Plagiat? Rechtssicheres Publizieren von KI-generierten Inhalten. In: API 5 (1). https://doi.org/10.15460/apimagazin.2024.5.1.191.

Wei, Jason; Wang, Xuezhi; Schuurmans, Dale; Bosma, Maarten; Ichter, Brian; Xia, Fei et al. (2022): Chain-of-Thought Prompting Elicits Reasoning in Large Language Models. Online verfügbar unter http://arxiv.org/pdf/2201.11903.

Wolfram, Stephen (2023): What Is ChatGPT Doing ... and Why Does It Work? Online verfügbar unter https://writings.stephenwolfram.com/2023/02/what-is-chatgpt-ng-and-why-does-it-work/, zuletzt geprüft am 07.05.2024.

Wu, Tsung Heng; Zhao, Ye; Amiruzzaman, Md (2020): Interactive Visualization of AI-based Speech Recognition Texts. Online verfügbar unter https://par.nsf.gov/servlets/purl/10183361, zuletzt geprüft am 11.05.2024.

Yang, Chengrun; Wang, Xuezhi; Lu, Yifeng; Liu, Hanxiao; Le V, Quoc; Zhou, Denny; Chen, Xinyun (2023): Large Language Models as Optimizers. Online verfügbar unter http://arxiv.org/pdf/2309.03409.

Zamfirescu-Pereira, J. D.; Wong, Richmond Y.; Hartmann, Bjoern; Yang, Qian (2023): Why Johnny Can't Prompt: How Non-AI Experts Try (and Fail) to Design LLM Prompts. In: Albrecht Schmidt (Hg.): Proceedings of the 2023 CHI Conference on Human Factors in Computing Systems. Unter Mitarbeit von Kaisa Väänänen, Tesh Goyal, Per Ola Kristensson, Anicia Peters, Stefanie Mueller, Julie R. Williamson und Max L. Wilson. CHI '23: CHI Conference on Human Factors in Computing Systems. Hamburg Germany, 23 04 2023 28 04 2023. ACM Special Interest Group on Computer-Human Interaction; ACM SIGs. New York,NY,United States: Association for Computing Machinery (ACM Digital Library), S. 1–21. Online verfügbar unter https://dl.acm.org/doi/pdf/10.1145/3544548.3581388, zuletzt geprüft am 03.06.2024.

Zheng, Huaixiu Steven; Mishra, Swaroop; Chen, Xinyun; Cheng, Heng-Tze; Chi, Ed H.; Le V, Quoc; Zhou, Denny (2023): Take a Step Back: Evoking Reasoning via Abstraction in Large Language Models. Online verfügbar unter http://arxiv.org/pdf/2310.06117.

Zhou, Yongchao; Muresanu, Andrei Ioan; Han, Ziwen; Paster, Keiran; Pitis, Silviu; Chan, Harris; Ba, Jimmy (2022): Large Language Models Are Human-Level Prompt Engineers. Online verfügbar unter http://arxiv.org/pdf/2211.01910.

Made in the USA
Monee, IL
03 May 2026

49438547R00056